¡NAVES ESPACIALES QUE VUELAN!

FLOTA ESTELAR DE PAPEL
PARA NIÑOS

Andrew Dewar

LIBSA

Contenido

Los aviones

Crucero estelar Martillo **34**

Fragata estelar Cometa **36**

Destructor Quark **38**

Caza Mariposa **40**

Carguero Stargo **42**

Nave de mando Esquirla **44**

Lanzadera Destello **46**

Caza Triada **48**

Bote salvavidas Hélice **50**

Acorazado Xeno **52**

Lanzadera orbital Zénit **54**

Caza Flecha **56**

3

¿Por qué escribí este libro?

Los niños llevan, como poco, doscientos años plegando papeles para hacer aviones de papel. Durante casi todo este tiempo, esos aviones eran triángulos de papel, con alas y morros puntiagudos: en definitiva, unos dardos de papel.

Para varias generaciones de niños, entre los que me incluyo, así eran los aviones de papel. A lo que no se parecían era a ningún tipo de avión real, incluso después de que por fin se inventaran los aviones de verdad.

Más tarde apareció el Concorde: por fin había un avión que se parecía a uno de papel.

¡Era hora de seguir adelante! En los años 70 empezaron a aparecer nuevos diseños de aviones de papel. Parecían más funcionales, pero quizá recordaban menos a un avión. Muchos tenían alas grandes, anchas y cuadradas, ideales para vuelos largos, pero no se parecían a nada que se viera en un aeropuerto. Tiempo después, las nuevas técnicas de papiroflexia permitieron crear formas cada vez más complejas, que se parecían aún menos a los aviones y más a las naves espaciales.

Y justo en ese momento, naves espaciales que también podían volar en el aire, como el Transbordador Espacial y la SpaceShipOne, comenzaron a dirigirse al espacio. ¡Eso es lo que yo quería plegar y hacer volar!

¡Así que aquí lo tenemos! Una colección de aviones espaciales de papiroflexia. Los modelos de este libro son aviones innovadores de papel que parecen pertenecer al espacio. Se pueden hacer rápido, y sin embargo su rendimiento es asombroso. Si sigues las instrucciones y las líneas numeradas del papel, estos aviones pueden montarse en solo unos minutos. Sin embargo, vuelan durante un tiempo muy largo, a buen seguro más que cualquier avión de papel que hayas plegado antes. Modelos como el Quark y el Flecha pueden incluso cruzar un parque.

Los aviones de papel pueden planear un largo trecho, en línea recta, antes de tocar el suelo. O pueden volar en círculos, coger corrientes térmicas y elevarse más y más, hasta que desaparecen de la vista.

Parece tecnología de otro planeta, pero no lo es. Con poco más que un trozo de papel, harás planeadores que crucen la habitación o se eleven hacia el cielo. Este libro te dirá cómo.

Aviación experimental

Al principio, no existía manera de que los humanos abandonaran la Tierra, salvo en sus sueños, claro.

Los primeros aviones ya tenían bastantes problemas para despegar. La velocidad necesaria para volar al espacio era imposible. Pero empezamos a prepararnos para el día en que pudiera ocurrir.

Uno de los primeros problemas a los que se enfrentaron los astronautas fue el de controlar la aeronave en el espacio. Alas y colas no funcionan donde no hay aire. Una solución fue el «Somier Volador», que consistía en un motor a reacción apuntando hacia abajo y rodeado de «reactores de control de reacción» que lo dirigían. El Reino Unido, Japón y la NASA construyeron sus propias versiones.

El Avrocar era un platillo volante construido para las Fuerzas Aéreas de Estados Unidos. Consiguió despegar, pero ahí se quedó. Estaba claro que este tipo de diseño debería dejarse para los ovnis.

Los «aviones de cuerpo elevable», como el X-24A de la NASA, obtenían toda su sustentación tan solo del fuselaje. Se temía que el calor de la reentrada derritiera las alas de un avión normal, así que no tenían alas. La idea era volar hasta la órbita sobre un cohete y planear de vuelta a la pista. Aunque nunca llegaron al espacio, nos enseñaron mucho sobre el aterrizaje sin motor.

El experimento más exitoso fue el X-15 norteamericano. Se trataba de un avión cohete lanzado desde debajo de un bombardero que planeaba de vuelta a la Tierra tras un vuelo hipersónico. El X-15 llegó al espacio (aunque no a orbitar) y demostró que los reactores de control por reacción podían dirigir un avión fuera de la atmósfera.

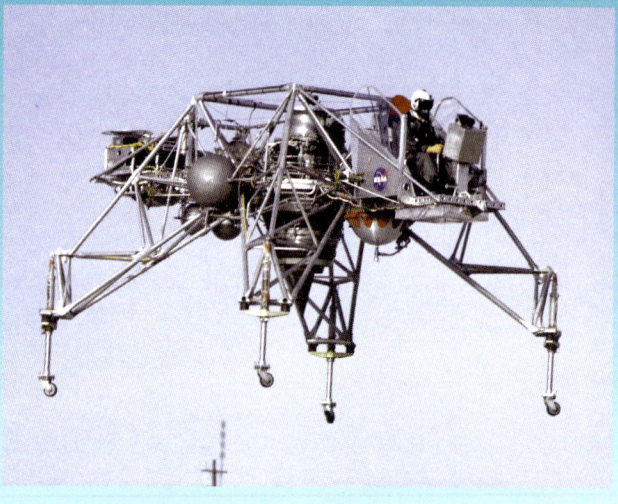

El «Somier Volador», o Bell Aerosystems Lunar Landing Research Vehicle (LLRV)

El «Avrocar«, Avro Canada VZ-9AV

El North American X-15

El Martin Aircraft Company's X-24A

Hacia la Era Espacial

Una vez que entramos en la Era Espacial y que llegar a la órbita en cohetes empezó a ser bastante habitual, el siguiente paso fue encontrar una forma más económica de hacerlo. La solución obvia era construir algún tipo de nave espacial reutilizable. Hoy en día, SpaceX y Blue Origin han aprendido a construir cohetes que pueden aterrizar con seguridad y reutilizarse, pero en los primeros días de los viajes espaciales eso era imposible. Los cohetes soltaban etapas y adaptadores durante el ascenso, y al final regresaba a la Tierra una cápsula tan chamuscada por el calor de la reentrada que solo podía utilizarse una vez.

El concepto de transbordador espacial cambió esta situación. Las primeras versiones consistían en dos o tres cohetes con alas juntos. El más grande era un depósito de combustible que, una vez vacío, planeaba hasta aterrizar. El avión más pequeño utilizaba su propio combustible para alcanzar la órbita y reentraba planeando al final de la misión.

Pero esto resultó demasiado difícil –la primera etapa nunca podría ser lo bastante grande para transportar el combustible necesario– y el Transbordador Espacial que todos conocemos tuvo que utilizar propulsores de combustible sólido parcialmente desechables para alcanzar la órbita. El Transbordador nunca resultó económico, pero permitió más actividad espacial que los simples cohetes.

SpaceShipOne, que ganó el Ansari XPRIZE por los primeros vuelos espaciales civiles en 2004, y SpaceShipTwo de Virgin Galactic, han demostrado que las empresas privadas también pueden volar al espacio y regresar con seguridad a una pista de aterrizaje.

Concepto de lanzadera de Rockwell

Transbordador Espacial de la NASA

SpaceShipOne de Mojave Aerospace Ventures

Vuelos espaciales

El espacio es un entorno muy diferente al nuestro. Es frío, sin aire, repleto de radiaciones letales y sin gravedad. Eso significa que no podemos vivir allí sin protección. Tampoco es posible «volar», es decir, lo que hacen los pájaros, los insectos y los aviones.

Pero los cohetes pueden llegar hasta allí y los astronautas han viajado hasta la Luna y han vuelto. ¿Cómo es posible?

En primer lugar, los cohetes son diferentes de los propulsores, que empujan el aire, o de los motores a reacción, que necesitan aire para la combustión. Funcionan según el principio de Newton de igual reacción a cada acción, y no empujando aire, como mucha gente piensa. Imaginemos un globo lleno de aire. El aire empuja uniformemente por todos los lados de la pared de goma. La presión es mayor en el interior que en el exterior, y cuanto mayor es la presión, más crece. ¿Qué ocurre cuando lo sueltas? El globo se precipita hacia delante y el aire sale a borbotones por detrás, pero no porque el aire a borbotones lo esté empujando. El aire a alta presión intenta empujar en todas las direcciones, y se equilibra en todas excepto en la opuesta a la boquilla. Así que el aire dentro del globo que empuja lejos de la boquilla se lleva todo el globo con él.

En segundo lugar, los cohetes no necesitan aire porque llevan su propio oxígeno. Ese combustible puede tener el propulsante y el oxígeno mezclados en una masa sólida, o puede tenerlos separados en dos tanques de líquido. Los cohetes de combustible sólido son muy fiables, pero no pueden detenerse ni acelerarse, mientras que los cohetes de combustible líquido pueden acelerarse o incluso detenerse y volver a arrancarse, pero no son tan seguros. Hoy en día, la mayoría de los cohetes que viajan al espacio utilizan combustible líquido y aceleradores.

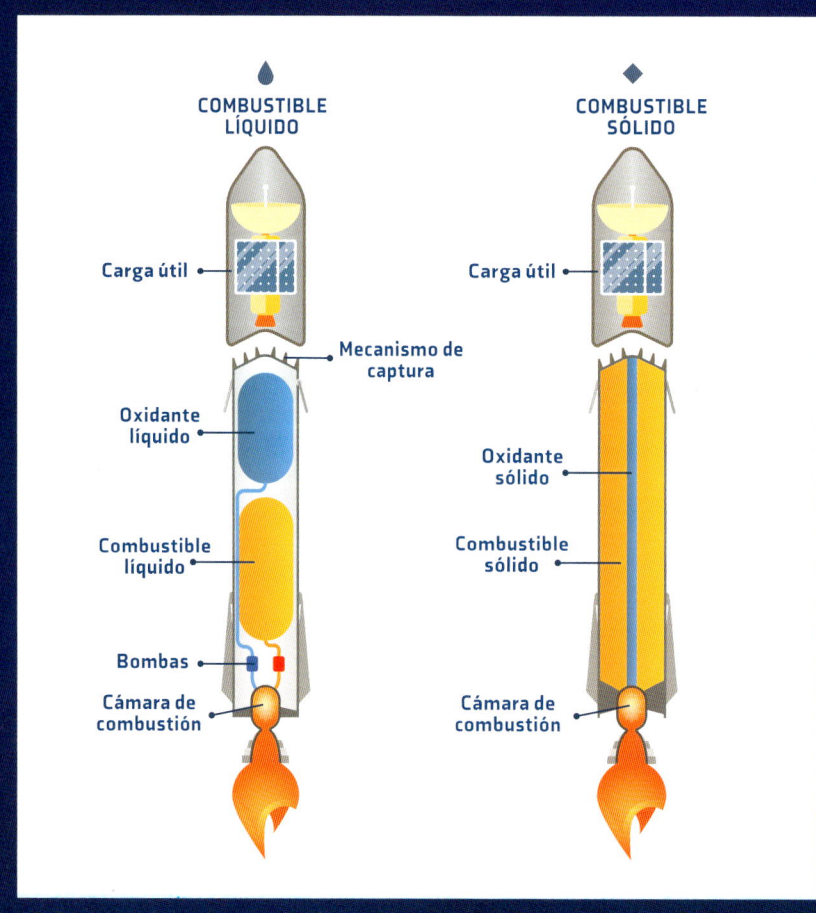

Una vez en el espacio, los cohetes y los aviones espaciales no pueden controlarse con timones, elevadores o alerones como los aviones. Esto es así porque no hay aire sobre el que puedan actuar. En su lugar, se utilizan pequeños cohetes o ráfagas de gases a alta presión para cambiar la posición de la nave espacial.

Pero cambiar la orientación de una nave espacial no cambiará la dirección en la que vuela. Las películas de ciencia ficción suelen mostrar naves espaciales que vuelan en picado y en círculos como aviones acrobáticos, pero eso no es posible con nuestra tecnología actual. Todos los objetos siguen moviéndose en línea recta hasta que se ejerce una fuerza sobre ellos para cambiar su trayectoria (¡Newton, cómo no!). En el caso de un avión, el aire puede hacerlo, pero en el espacio hay que disparar un chorro de control de reacción en dirección opuesta a la que se quiere girar, y cuando se detiene, se continúa en una nueva línea recta.

Una vez que se sale de la órbita, la gravedad empieza a tirar hacia abajo. Las primeras naves espaciales, como las del programa Apolo, se limitaban a caer a través de la atmósfera y aterrizar donde les llevase su impulso. Pero el Transbordador Espacial y otras naves espaciales son capaces de volar como aviones en el aire y cambiar de dirección tanto como para poder elegir un lugar de aterrizaje. Ambos tipos de naves espaciales se calientan muchísimo durante la reentrada.

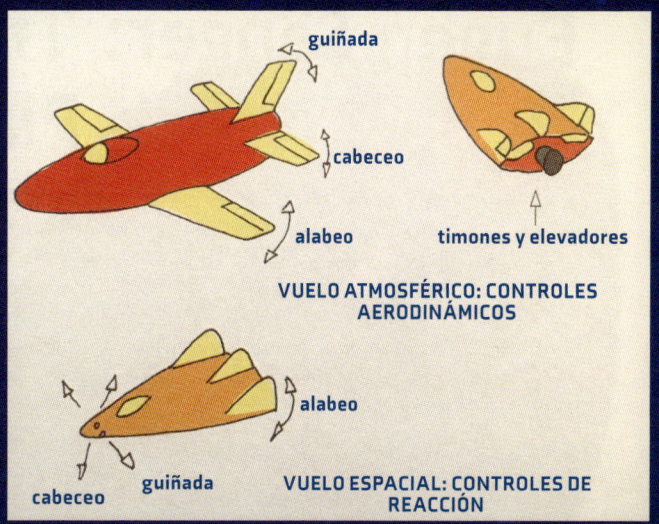

guiñada

cabeceo

alabeo

timones y elevadores

VUELO ATMOSFÉRICO: CONTROLES AERODINÁMICOS

alabeo

cabeceo guiñada

VUELO ESPACIAL: CONTROLES DE REACCIÓN

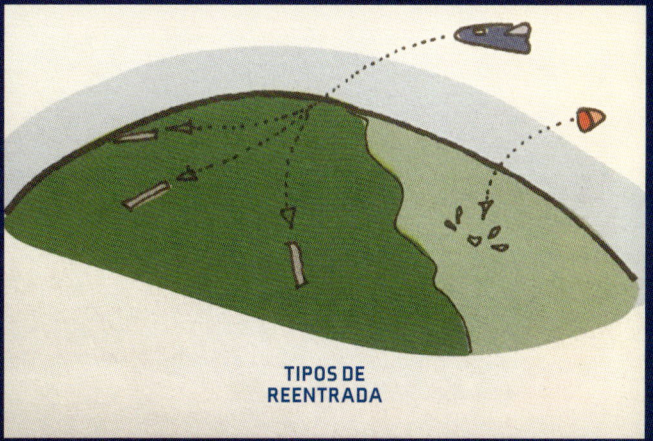

TIPOS DE REENTRADA

Y... ¿pueden los aviones de papel volar en el espacio?

Pues ya sabemos la respuesta. Varios astronautas han llevado aviones de papel al espacio. Mamoru Mohri lanzó uno en el Transbordador Espacial para un programa de televisión, Koichi Wakata volvió a hacerlo en la Estación Espacial Internacional y Brian Binnie lanzó uno por la cabina de la SpaceShipOne mientras estaba ingrávida. Pero ¿sabes qué? Ninguno de ellos voló. Los tres casos demostraron que el aire, la sustentación y el empuje no son suficientes para volar. Los aviones también necesitan... ¡la gravedad!

Sobre la Flota Espacial

Dentro de mucho, mucho tiempo, en una era menos pacífica que la nuestra, unas pocas especies lucharán por la posesión de los últimos mundos habitables. El universo se agota, las estrellas se apagan y cada año el cielo nocturno se oscurece un poco más.

Las últimas estrellas son como clavos ardiendo a los que agarrarse, y la mayoría resultan demasiado grandes y rojas, o demasiado frías y diminutas, para albergar vida alguna. Las pocas que aún tienen planetas viables son celosamente custodiadas y vigiladas con envidia.

Los humanos aprendieron hace tiempo a viajar entre las estrellas, y han proliferado a lo largo del brazo galáctico. Pero también se encontraron con especies alienígenas, que se expandían desde la otra dirección. Al principio, había sitio para todos. Pero, a medida que se acercaba el fin de los tiempos y los planetas morían uno a uno, esa frágil paz se vino abajo.

Los humanos siempre han construido transportes espaciales y cargueros. Ahora tienen que construir una armada espacial.

Irónicamente, esto es más fácil que en el pasado. Las enormes cantidades de material necesarias para construir las naves espaciales eran difíciles de conseguir cuando sus habitantes vivían en los mundos donde se extraían, pero ahora planetas enteros pueden explotarse por los metales y minerales de sus núcleos sin que nadie se dé cuenta. Incluso cuando las guerras –cuyo número aumenta– consumen cada vez más material, el único límite real es el número de personas disponibles para construir y tripular las naves espaciales.

Los humanos han aprendido de su violento pasado y saben que no deben buscar conquistas. Solo luchan para proteger los planetas que ya tienen y no para robar los hogares de las otras especies. Por desgracia, las otras especies no comparten esa sabiduría. Los humanos tienen que estar preparados para los frecuentes ataques.

Los humanos son guerreros reacios, pero hábiles. Siglos de avances científicos han proporcionado los conocimientos y la tecnología necesarios para construir una flota de poderosas naves estelares.

Estas son esas naves.

Recuerda, tu objetivo, como comandante de una flota de naves estelares, no es la conquista, sino la preservación de la paz. Pilota tus naves de forma segura, ¡pero que todo el mundo vea lo buenas que son! ¡Tus naves te esperan!

Volar en el aire

La «sustentación» es lo que mantiene en vuelo a los objetos. Para los cohetes, sería un chorro de gas caliente. Para una nave estelar, podría ser algún tipo de tecnología alienígena. Pero en un avión, la sustentación se produce por el movimiento del ala en el aire. ¿Cómo se consigue? Averigüémoslo.

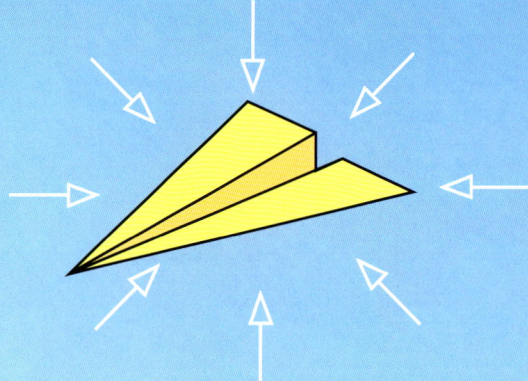

¿Sabías que el aire nos aplasta? Esto ocurre porque el aire presiona desde todas las direcciones por igual (nuestros cuerpos presionan hacia fuera la misma cantidad, por eso no lo sentimos).

Podemos sentir el viento, porque es aire en movimiento, que nos golpea solo por un lado y lo sentimos como una presión mayor.

Una forma curva en la parte superior y plana en la inferior es la ideal para el perfil de un ala.

Generará sustentación cuando el aire corra sobre ella, porque fluirá más rápido sobre la parte superior, lo que reducirá la presión que empuja hacia abajo esa superficie. La mayor presión ejercida sobre la parte inferior la eleva. Este tipo de forma curva se denomina perfil aerodinámico. ¿Por qué se acelera el aire en la parte superior del ala? ¿Y por qué disminuye allí la presión del aire? Se debe a tres efectos: el **efecto Coandă**, la **condición de Kutta** y el **principio de Bernoulli**.

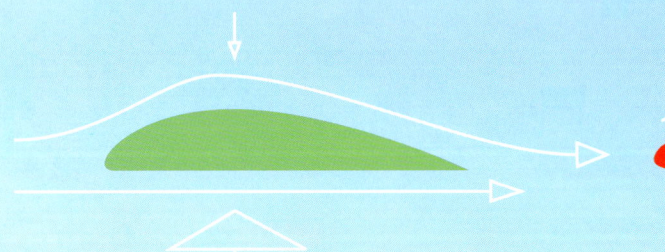

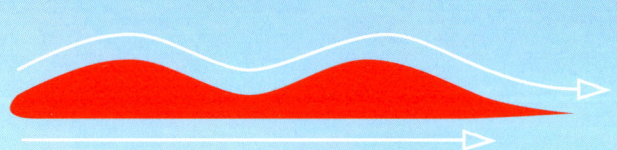

El **principio de Bernoulli** dice que cuanto más rápido se mueve un fluido, menos presión ejerce. Así que si el aire en la parte superior del ala va más rápido, hay menos presión que empuja hacia abajo. Eso significa que la mayor presión en la parte inferior del ala la empuja hacia arriba. ¡Y... *voilà*, la sustentación!

El **efecto Coandă** dice que los fluidos (como el aire y el agua) tienden a permanecer en contacto con las superficies sobre las que fluyen. Esto significa que el aire sigue la curva de la parte superior del ala. Y debido a la **condición de Kutta**, creada por el borde afilado posterior del perfil aerodinámico, el aire se acelera a medida que fluye sobre la curva. Se acelera tanto que llega antes a la parte trasera del ala que el aire que pasa por debajo.

¿Y qué hay de las cometas? Pues funcionan de otra manera distinta a los aviones. Son un ala que permanece en un sitio mientras el viento circula a su alrededor. El viento quiere ir recto, así que cuando una cometa se interpone en su camino trata de apartarla, obligándola a elevarse. Esto también genera mucho arrastre, lo que empuja a la cometa hacia atrás al mismo tiempo. Sin una cuerda que la sujete, la cometa no podría mantener el aire moviéndose a su alrededor. Por esta razón los aeroplanos que tomaban como modelo a las cometas (¡y había muchos así en los comienzos de la aviación!) solían fracasar.

Quizá creas que no hay cometas en el espacio, ¡pero sí que las hay! También hay viento allá arriba –el viento solar, compuesto de partículas cargadas que el Sol despide–, que se utiliza para surtir de energía a vehículos espaciales, como en el caso del IKAROS, un proyecto experimental de Japón que voló a Venus. Su nombre responde al acrónimo (por sus iniciales en inglés) de Cometa Interplanetaria Propulsada por Radiación Solar. ¡Solo le falta la cuerda!

Te proponemos dos experimentos:

Primero, sopla sobre la parte superior de una hoja de papel que esté inclinada. Ese rápido flujo de aire reduce la presión en la parte superior del papel. Este se levantará y quedará recto, sostenido por la mayor presión del aire que tiene debajo.

A continuación, prueba a tocar un chorro constante de agua del grifo con la parte inferior de una cuchara. Lo normal es que el agua empuje hacia afuera la cuchara, pero lo que sucede es que la corriente la succiona. Esto se debe a que la velocidad del agua reduce la presión en la parte inferior de la cuchara, y el aire del otro lado la empuja.

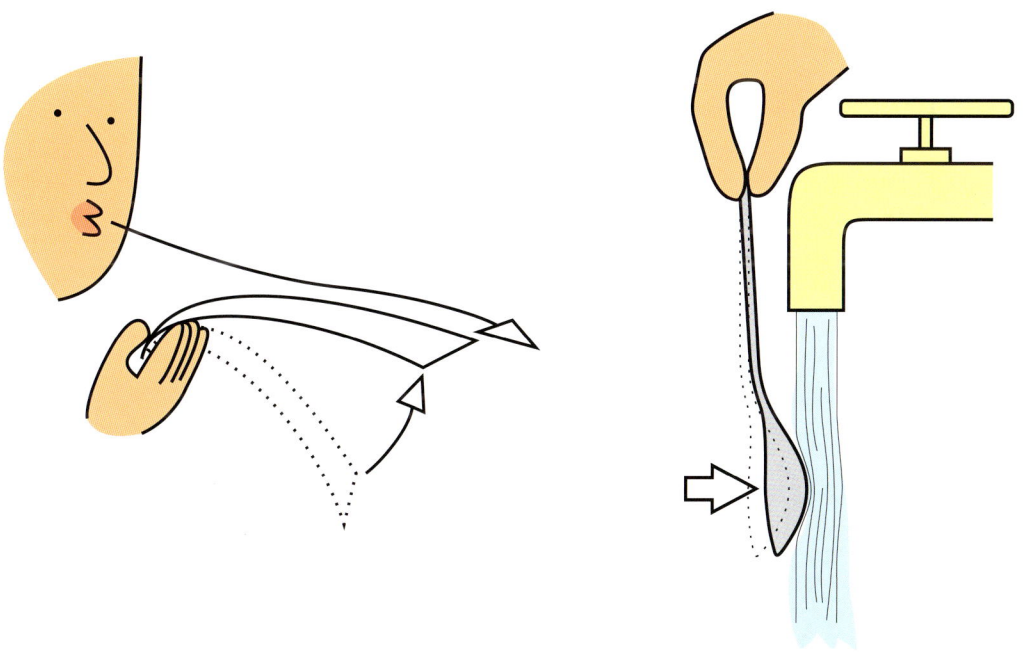

Conseguir que algo se eleve parece sencillo... Y, bueno, lo es. Pero la sustentación no solo empuja hacia arriba. Recuerda: el aire empuja en todas las direcciones, así que la sustentación se produce en cualquier lugar donde se haya reducido la presión. En las alas de los aviones implica que la sustentación empuja hacia delante y hacia atrás, además de hacia arriba. Puedes cambiar la cantidad de sustentación, y la dirección en la que actúa, tan solo con modificar el ángulo del ala.

Reparto de la sustentación

ÁNGULO DE ATAQUE

Al aumentar el ángulo de ataque (el ángulo en que el ala impacta con el flujo de aire), se puede aumentar la cantidad de sustentación. El aire que pasa por la parte superior del ala tiene que ir más rápido, y el aire que incide en la parte inferior crea más presión (el principio de la cometa). Cuanto mayor sea el ángulo, mayor será la sustentación. Pero si el ángulo es demasiado grande, el efecto Coandă se anula, el aire se «libera» y se vuelve inestable. En ese caso, el ala deja de levantar y se frena. En otras palabras, deja de volar.

Más velocidad significa más sustentación. Pero más sustentación no implica algo mejor. La sustentación crea resistencia, que retiene el ala y el avión. Y la resistencia aumenta mucho más rápido que la velocidad. Cuando el avión dobla su velocidad, la resistencia creada por el ala se cuadruplica. Así que cada vez se necesita más potencia para ir más rápido, a pesar de la sustentación.

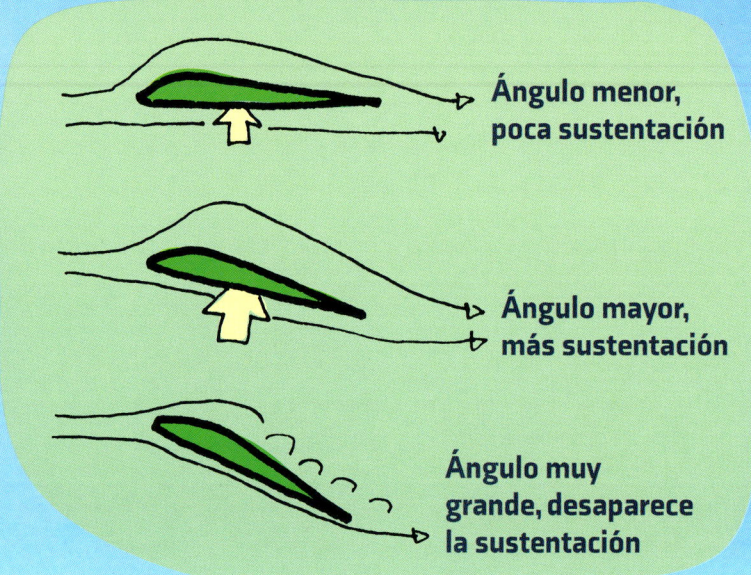

Ángulo menor, poca sustentación

Ángulo mayor, más sustentación

Ángulo muy grande, desaparece la sustentación

Hay quien dice que se puede sentir la sustentación y la resistencia sacando la mano por la ventanilla de un coche en marcha. Es cierto... ¡pero no es seguro! En vez de eso, prueba a acercar la mano a la manguera de una aspiradora. ¿Te succiona la mano? Eso es porque la presión del aire es más baja dentro de la aspiradora, como la parte superior de un ala, y el aire más denso del exterior está empujando tu mano. Gira la mano y ponla de perfil a la corriente y luego devuélvela a una posición frontal. ¿A que cambia la sensación? Eso es la resistencia.

Optimizar el vuelo

EL EFECTO DEL AIRE

Es importante que un avión sea aerodinámico. Tiene que ser uniforme y liso para deslizarse fácilmente por el aire. El aire es bastante pesado y pegajoso. Las naves espaciales no tienen que preocuparse por el efecto del aire cuando vuelan por el casi vacío del espacio, pero la resistencia del aire supone un gran problema para los aviones. Los aviones estilizados vuelan rápido porque cortan el aire mejor que los de forma cuadrada. Las alas y los perfiles también tienen que ser aerodinámicos.

Cuanto más aerodinámica sea un ala, mejor se moverá el aire a su alrededor. Una forma roma es lo que peor funciona. No solo casi detiene el aire, sino que el flujo que genera detrás de sí es turbulento y caótico. Un semicírculo también produce turbulencias, porque el aire no puede volver a unirse bien detrás de sí. Una forma redonda va mejor, y algo plano resulta lo más aerodinámico. Pero recuerda: las alas planas tampoco generan mucha sustentación. Así que la mejor forma de ala es la que tiene menos resistencia y más sustentación. En los aviones de papel, se trata de un ala delgada con dos o tres capas en la parte delantera.

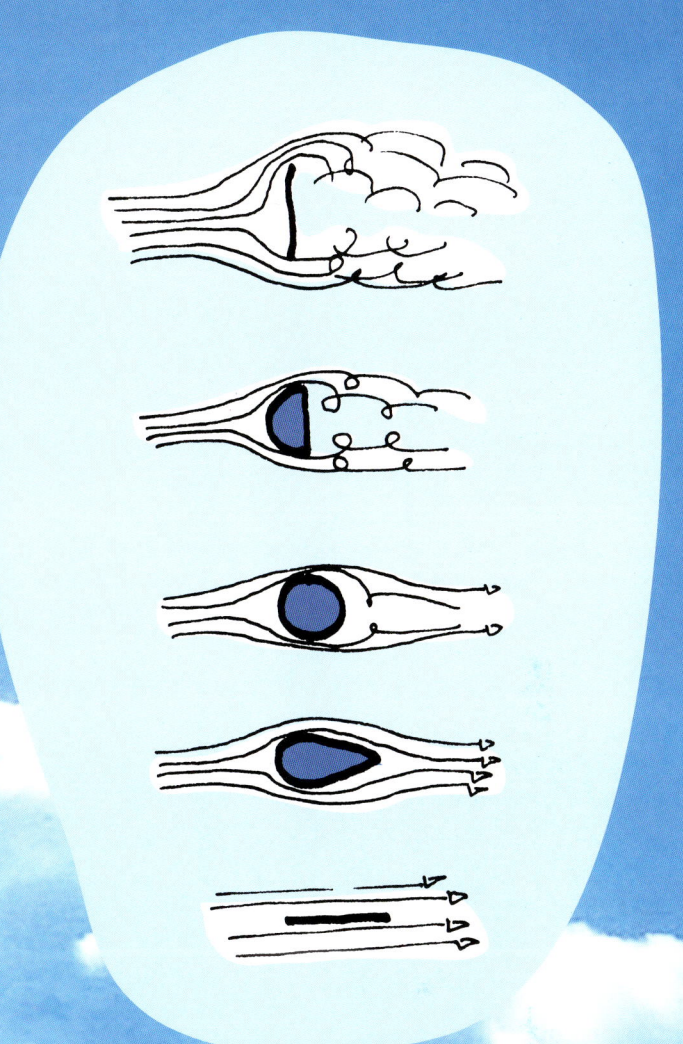

¿GRUESA O DELGADA?

En los aviones de papel, mejor más delgada. Demasiados pliegues en la parte delantera hacen que el ala sea demasiado gruesa. El aire no puede rodearla sin problemas, por lo que se dispersa y genera turbulencias en la parte trasera. Un ala más fina (o con pliegues más marcados) es mucho mejor. Por cierto, poner pliegues gruesos en la parte superior del ala tampoco funciona muy bien.

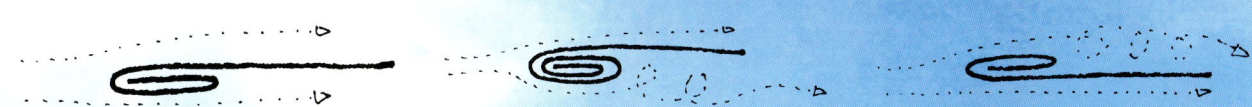

Equilibrio...

Por muy fascinante que nos parezca un avión, no volará si no tiene equilibrio. Da igual lo que creas. He aquí por qué.

Digamos que tienes un avión que consiste solo en un ala y nada más. El centro de gravedad, o el lugar donde se equilibra, está aproximadamente en el centro del ala. Pero, según la forma del perfil, el centro de sustentación, o lugar donde la sustentación lo empuja hacia arriba, está a un cuarto o un tercio del borde delantero. ¿Qué sucede entonces? El extremo de delante se levanta y el ala gira y gira sin parar. Si añades algo de peso a la parte delantera del ala para que los centros de sustentación y gravedad estén en el mismo lugar, el ala se equilibrará y volará recta.

Sin embargo, si los dos centros se alinean exactamente, las rachas de viento y los cambios en la velocidad y el ángulo de ataque pronto lo desequilibrarían de nuevo. Así que los aviones suelen tener el centro de gravedad algo por delante del centro de sustentación. Esto hace que el avión quiera caer en picado, por lo que la cola (estabilizador horizontal) se inclina un poco hacia arriba en la parte trasera para crear una fuerza estabilizadora que empuje hacia abajo. Este triángulo de fuerzas lo mantiene estable en ráfagas de viento y cambios de velocidad. La mayoría de los aviones de papel no tienen una cola aparte, pero girar hacia arriba el borde posterior del ala tiene el mismo efecto.

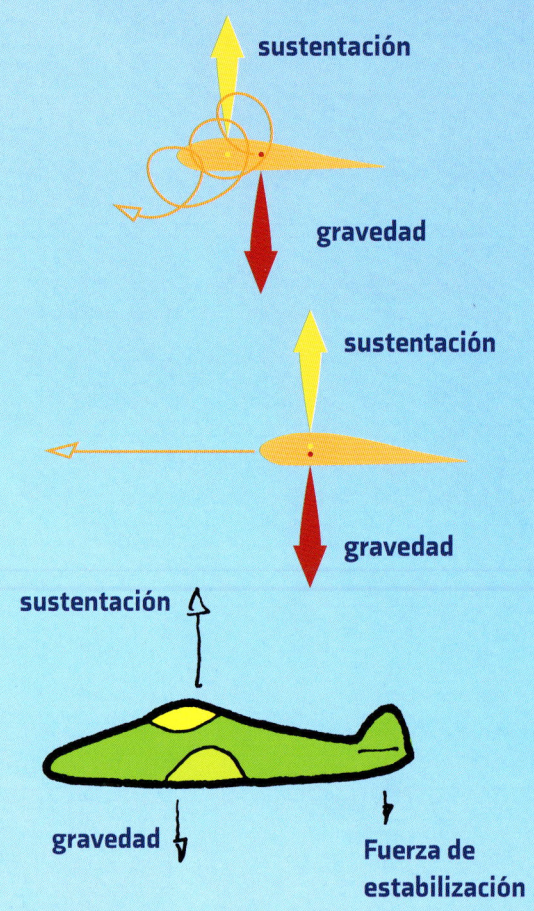

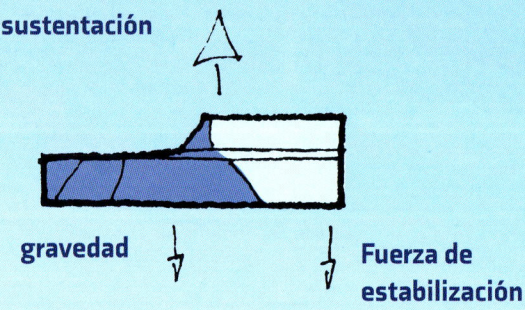

Baja relación de aspecto

Alta relación de aspecto

Algunos aviones tienen alas cortas y abultadas (baja relación de aspecto) y otros las tienen largas y delgadas (alta relación de aspecto). Las alas largas y finas crean menos resistencia para la misma superficie, pero son más pesadas porque tienen que ser más fuertes. Las alas de los aviones de papel suelen ser cortas para evitar que se doblen al lanzarlos. ¡Pero vuelan muy bien!

... y estabilidad

Los aviones tienen que ser estables en varios aspectos, no solo en el equilibrio del ala. Recuerda: no hay nadie pilotando el avión una vez que sale de tus manos. Ni un pequeño piloto, ni mandos a distancia. Así que tiene que ser capaz de corregir los altibajos y los giros por sí solo. ¡Tiene que ser estable!

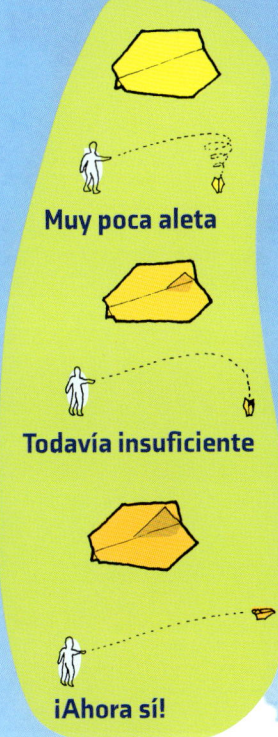

Muy poca aleta

Todavía insuficiente

¡Ahora sí!

Se necesita un alerón o un estabilizador vertical para mantener el avión en línea recta. No tiene por qué ser un timón. Puede ser una punta de ala levantada o una gran sección del fuselaje en la parte trasera del avión. Pero tiene que ser lo bastante grande como para actuar como una veleta y mantener el morro del avión apuntando hacia delante. Si el alerón es demasiado pequeño, el avión se torcerá y se estrellará.

La elevación de las alas sobre la horizontal se llama ángulo diedro. Ayuda a mantener el avión nivelado. La sustentación empuja en ángulo recto cada ala. Es como si el avión colgara de dos cuerdas. Cuando el avión se inclina, la sustentación creada por el ala nivelada es mayor que la del ala inclinada. Esto endereza todo el avión hasta que la sustentación se equilibra de nuevo. Con los aviones de papel hay que inclinar las alas lo suficiente como para que haya diedro incluso después de soltar y que el avión se relaje.

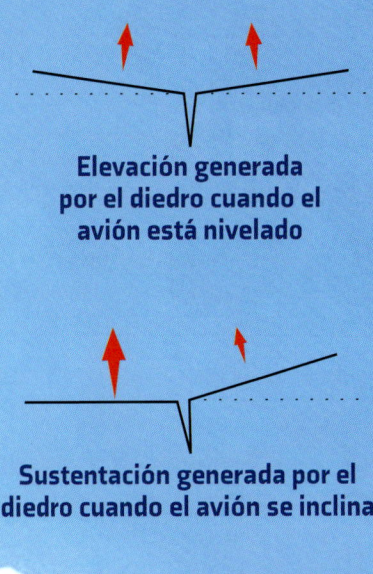

Elevación generada por el diedro cuando el avión está nivelado

Sustentación generada por el diedro cuando el avión se inclina

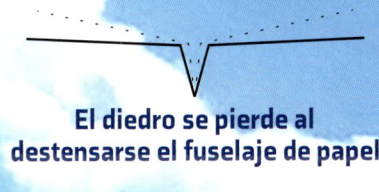

El diedro se pierde al destensarse el fuselaje de papel

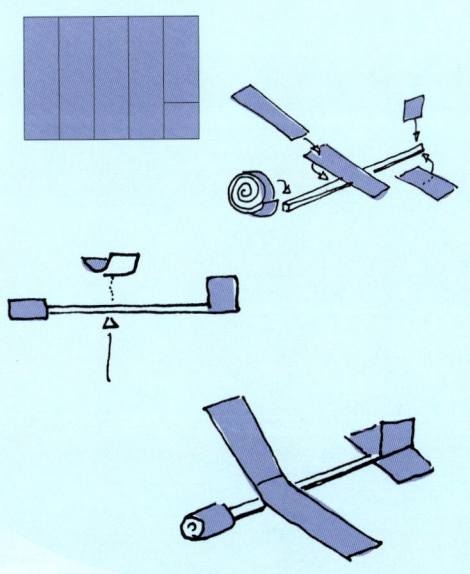

Aquí tienes un sencillo experimento fácil de hacer. Se necesita un palillo o una pajita, un trozo de papel grueso del tamaño de una postal, pegamento y cinta adhesiva. Primero, corta el papel en cinco tiras iguales. Dos se enrollan y se pegan alrededor del morro para que sirvan de contrapeso. Se vuelve a cortar una para hacer un estabilizador y un timón. Pégalas en su sitio. Solapa las dos últimas tiras y pégalas para hacer el ala. Si pegas el ala sobre el punto donde se equilibran las otras partes, debería volar. ¿Qué ocurre si mueves el ala hacia delante o hacia atrás? ¿O si quitas el timón? Pronto verás cómo mantener el avión estable.

La Fuerza te acompaña

Hay cuatro fuerzas principales que actúan sobre un avión que vuela. Ya hemos hablado de la sustentación y la resistencia, pero solo hemos esbozado las otras dos. La sustentación vence a la gravedad (peso), que es la fuerza que tira del ala hacia el suelo. El empuje es la fuerza propulsora que mantiene el ala en movimiento en el aire y actúa contra la resistencia.

Al lanzar un avión de papel, el brazo proporciona el empuje. En un avión de verdad, la hélice tira de él o el motor a reacción lo empuja. Mientras el avión sea estilizado y aerodinámico, la resistencia no impedirá que siga avanzando. Pero la resistencia impide que vaya cada vez más rápido, ya que se hace mayor a medida que aumenta la velocidad.

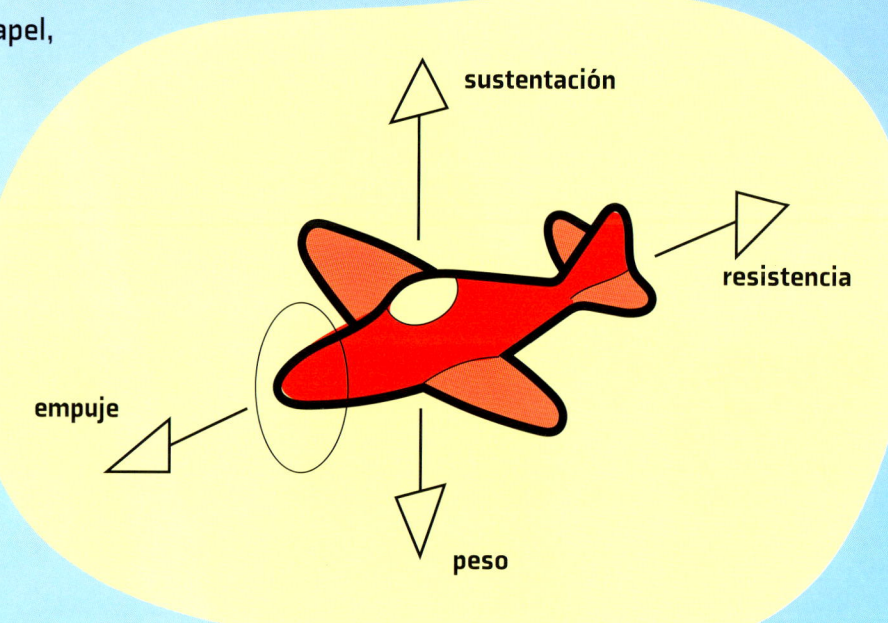

¿Y el peso? Siempre empujará los aviones hacia abajo, por muy aerodinámicos o rápidos que sean. El vuelo es siempre una lucha contra la gravedad. Un motor mayor para volar más rápido pesa más. Un combustible extra para volar más lejos pesa más. Un avión más grande para llevar más carga pesa más. ¿Y si no hubiera gravedad? Bien, pues el avión no volaría. ¿Por qué? Porque sin gravedad para equilibrar la sustentación, el avión se iría hacia arriba en lugar de ir recto, y sin un centro de gravedad sobre el que pivotar, los mandos no tendrían forma de girar el avión. ¡La gravedad es necesaria para el equilibrio!

¡Espera un momento! ¿Qué hace que un avión de papel siga volando? Si formas una bola con un trozo de papel y lo lanzas, caerá al suelo. Pero un avión de papel sigue avanzando más o menos en línea recta, sin caerse y sin decelerar. Por muy lejos que lances esa pelota, puedes mandar un avión de papel mucho más lejos. ¿Por qué?

Esto se debe a que la sustentación funciona de forma diferente al peso o gravedad. La gravedad siempre tira justo hacia abajo, hacia el centro de la Tierra, pero la sustentación empuja hacia arriba, en ángulo recto, con el flujo de aire. Cuando lanzas tu avión por primera vez, se dirige en línea recta o quizás un poco hacia arriba, tan rápido como para encontrarse de frente con el aire. Pero entonces la resistencia frena el avión hasta que se asienta en un planeo estable. La trayectoria de planeo es una larga línea inclinada que se encuentra con el suelo a varios metros o decenas de metros. Parece que el avión sigue en línea recta, pero en realidad se mueve por esa línea inclinada, mientras que el aire le impacta por debajo del morro.

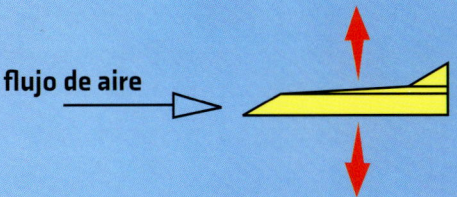

En vuelo rápido y nivelado, la sustentación y el peso están equilibrados, por lo que el avión vuela recto hasta que la resistencia lo frena.

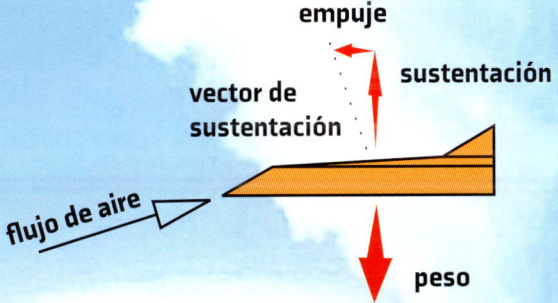

Como el vector de sustentación está a 90 grados del flujo de aire, se inclina un poco hacia delante. Eso significa que la sustentación se divide en dos partes. Una parte sostiene el avión contra la gravedad, y otra actúa como empuje y tira del avión hacia delante. Mientras el empuje equilibre la resistencia, la velocidad continuará siendo la misma y el avión seguirá planeando de forma constante hasta que llegue al suelo.

Al subir, la sustentación empuja tanto hacia atrás como hacia arriba, por lo que el avión frena.

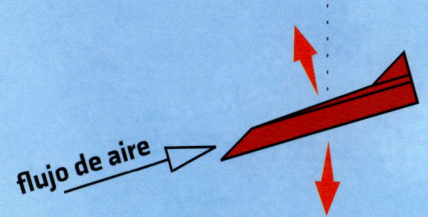

Al circular, la sustentación empuja hacia delante y hacia arriba: la fuerza hacia delante es suficiente para equilibrar la resistencia.

Al mando del avión

Sin ningún sistema para gobernar el vuelo, tanto las naves espaciales como los aviones serían prácticamente inútiles. Los satélites y las naves espaciales de exploración utilizan pequeños cohetes y reactores de control de reacción para maniobrar en el espacio. Las naves estelares del futuro quizá empleen otros tipos de fuerzas para maniobrar. Pero en la atmósfera, el aire sirve de ayuda. Así lo hacen los aviones de verdad.

El **timón** controla la dirección del vuelo. Puede moverse a izquierda o derecha para empujar la cola en la dirección opuesta. Cuando se mueve el timón (o cualquier otra superficie de control), el avión pivota alrededor de su centro de gravedad. Este tipo de movimiento se denomina **guiñada**.

Las partes articuladas de la zona posterior de los estabilizadores horizontales se llaman **elevadores** y, como podrás suponer, hacen que el avión suba o baje. Ambos elevadores se mueven juntos (aunque en algunos aviones se mueven por separado para funcionar también como alerones). Cuando giran hacia abajo, crean más sustentación en la cola y empujan el morro del avión hacia abajo. Cuando giran hacia arriba, la cola baja, el morro sube y el avión asciende. Este movimiento se denomina **cabeceo**.

El timón no resulta suficiente para efectuar el giro. Los **alerones**, las pequeñas piezas articuladas en los extremos de las alas, se utilizan para que el avión se incline al girar. Los dos alerones se mueven en direcciones opuestas, uno hacia arriba y el otro hacia abajo. El alerón que queda abajo genera más sustentación en esa ala y la inclina hacia arriba; el alerón de arriba empuja el ala hacia abajo. La oscilación vertical alternada de las alas se llama **alabeo**.

Todas estas superficies pueden utilizarse al mismo tiempo para maniobras de precisión. Por ejemplo, los alerones y el timón pueden usarse a la vez para hacer giros suaves, pero a menos que se sume la acción de un elevador, el avión se desploma al girar.

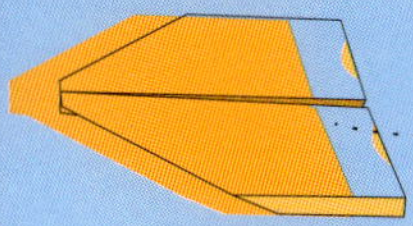

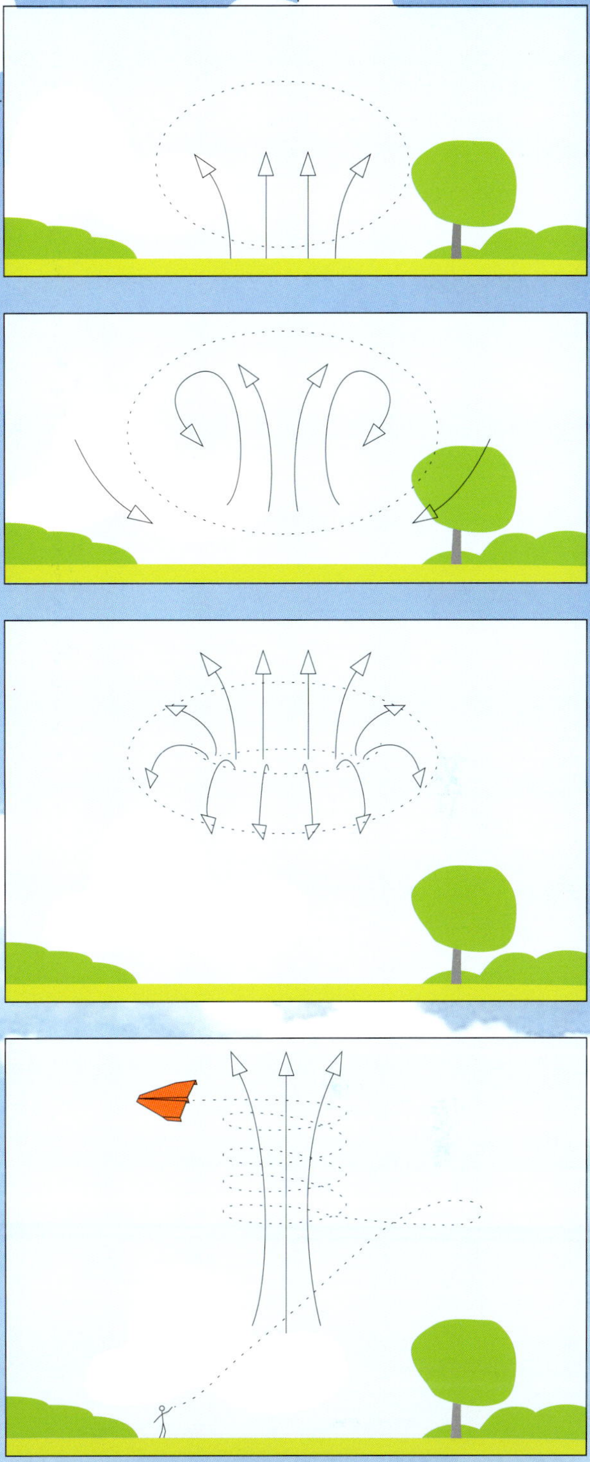

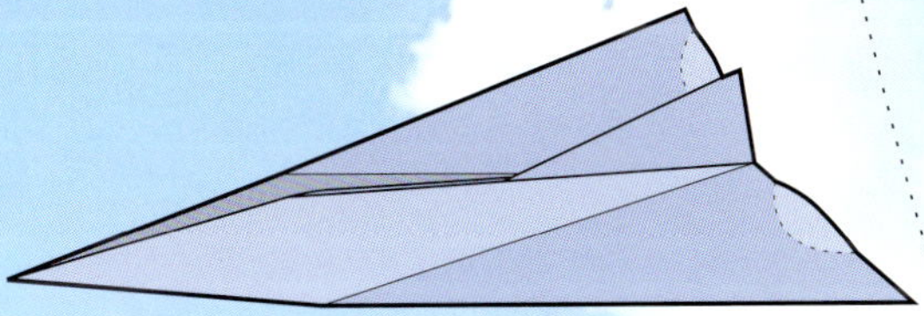

Los aviones de papel no suelen tener colas o alerones aparte, como los aviones de verdad, así que no podemos emplear esas ayudas. Hay que controlar el avión solo con la parte trasera de las alas. Pero eso no supondrá un gran problema. Dobla ambos lados hacia arriba o hacia abajo para controlar el cabeceo, y un lado más que el otro para controlar el alabeo y la guiñada. ¡Es fácil cuando sabes cómo funciona!

En un día tranquilo, con corrientes térmicas ascendentes, tu avión puede volar un minuto o más, o incluso perderse de vista. Las térmicas son grandes burbujas de aire caliente ascendente que se forman sobre zonas abiertas. Si tu avión circula dentro de una que asciende más rápido de lo que él cae, ascenderá con el aire como un águila o un planeador.

Aviones de papel de todo tipo

Cuando pensamos en aviones de papel, seguro que lo primero que se nos viene a la cabeza son los aviones de papiroflexia. Cuando hablamos de aviones de papel con nuestros amigos, probablemente imaginamos algo así como dardos de papel. Pero hay muchos otros tipos de aviones de papel. Tantos que apenas tienen nada en común. Excepto, claro está, que vuelan y que están hechos de papel. He aquí una galería fotográfica de algunos de ellos.

AVIONES PLEGADOS

Lo bueno de la papiroflexia es que puedes hacer un avión en un minuto o dos con nada más que un trozo de papel y tus dedos. Este avioncito está plegado a partir de un cuadrado de papel de 15 centímetros, y puede volar durante más de 15 segundos.

AVIONES DE CORTAR Y PEGAR

Si utilizamos unas tijeras para cortar un poco de papel, las posibilidades vuelven a ampliarse. Podemos cortar las alas y la cola con formas curiosas, como esta Golondrina.

Si aplicamos un poco de celo, las posibilidades se multiplican. Este es el Transbordador Espacial de mi libro *Simple Origami Airplanes kit.*

Este Pájaro de Trueno, que aparece en mi libro *Supercool Paper Airplanes Kit* está plegado y unido. Es muy, muy sencillo, ¡pero volará muy, muy lejos!

AVIONES REALISTAS

Con un poco más de tiempo y esfuerzo, podemos hacer aviones que parezcan de verdad, ¡y que vuelen como ellos! No se me dio bien cuando empecé con este tipo de aviones en 3D, pero no veía ninguna razón por la que no debieran volar, y después de mucho ensayo y error, el asunto fue a mejor. ¡Algunos llegan a volar durante un minuto o más!

¡A LO LOCO!

¡Casi todo es posible! Siempre que tengamos algún tipo de ala y el equilibrio adecuado, es posible hacer todo tipo de curiosos aviones de papel. ¡El único freno es tu imaginación!

¿Cuál es el mejor tipo de papel para nuestros avioncitos? Casi cualquier tipo de papel sirve, pero sobre todo nos vendrá bien uno ligero y rígido, que se doble sin romperse. El papel de periódico es demasiado blando. El papel satinado de los folletos y las revistas no aguanta doblado: en cuanto lo sueltas, el avión empieza a desplegarse. El mejor es el papel especial para papiroflexia llamado *kami*, pero resulta difícil de encontrar y por lo general solo viene en cuadrados. Queda el papel blanco normal. Es un poco grueso, pero rígido, se dobla y tiene forma rectangular. Y se puede conseguir en cualquier sitio. No es perfecto, pero casi.

He aquí un pequeño secreto sobre los aviones de este libro. Están hechos con un papel de forma poco habitual, un poco más alargado que el tamaño carta, pero más cuadrado que el A4. Es decir, se pueden modelar los aviones con cualquier tamaño de papel y seguirán volando de maravilla. Si quieres hacer el papel del mismo tamaño que en este libro, aquí puedes ver cómo. Pero recuerda: ¡es un secreto!

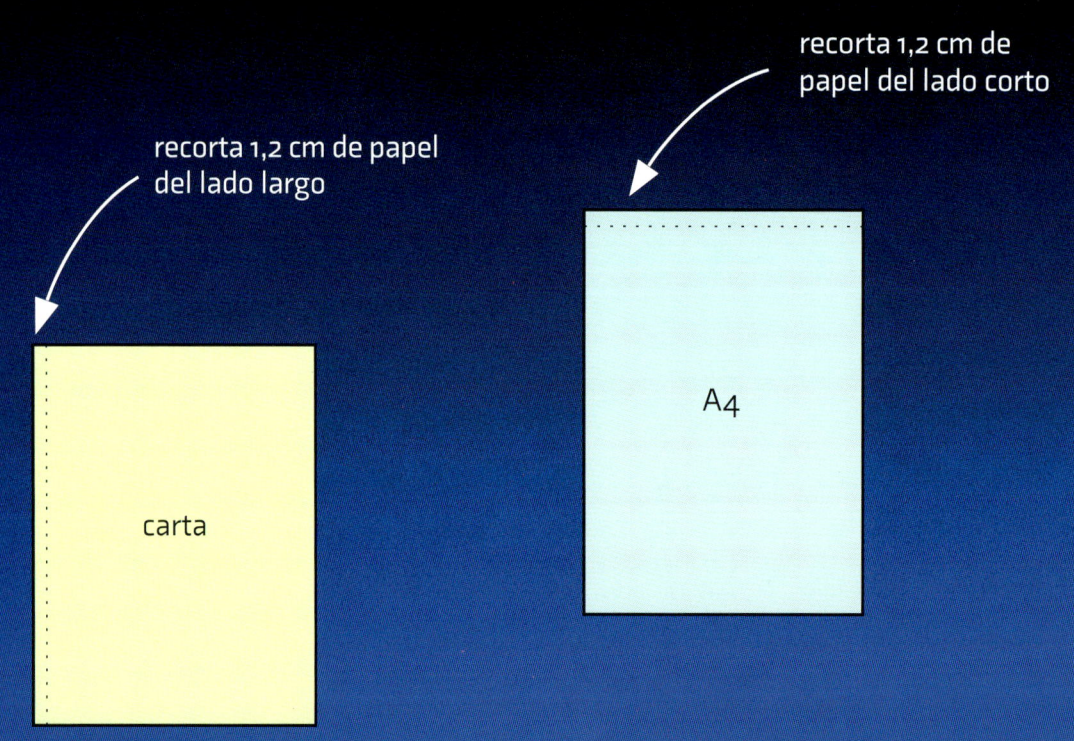

recorta 1,2 cm de papel del lado largo

carta

recorta 1,2 cm de papel del lado corto

A4

Tijeras y cinta adhesiva... ¿por qué no?

CORTAR

¿Es correcto cortar el papel? Los expertos en papiroflexia te dirán que no. Los aviones de papel suelen emplear una sola pieza de papel, sin un solo corte. Así que si puedes hacer un avión solo con pliegues, estupendo. Pero si estás practicando por tu cuenta, ¿qué hay de malo en hacer unos cortes? Prueba a ver qué pasa. ¡Tu avión quedará genial!

PEGAR

¿Y qué pasa con la cinta adhesiva, el pegamento y las grapas? La mayoría de los que saben dicen que no. Pero se puede usar cinta adhesiva para los aviones del Récord Mundial Guinness, ¡así que creo que eso significa que sí! El pegamento y las grapas van en contra de las «normas», pero eso no significa que no puedas usarlos en aviones que hagas solo para ti.

¡TOMA YA!

Si usas cinta adhesiva, basta con un poco para sujetar las alas o la cola. ¡Ya ves qué diferente puede quedar tan solo por un trocito! Si unes el avión con cinta adhesiva, volará mucho más rápido y más lejos, pero el equilibrio será diferente, por lo que puede que tengas que subir mucho la parte trasera de las alas para evitar que se estrelle.

Técnicas de plegado

Todos estos aviones son fáciles de plegar cuando se aprende a seguir las instrucciones. Los he dibujado con algunos símbolos que son estándar en todos los libros de papiroflexia, y he añadido uno o dos propios.

Solo hay dos formas de plegar el papel: pliegues de montaña y pliegues de valle. Para los pliegues de valle, se dobla el papel hacia uno mismo. Para los pliegues de montaña, se dobla hacia fuera. La mayoría de los pliegues de este libro son pliegues valle.

Este es un pliegue valle... ¡Se parece un poco a un valle!

Y este de abajo es un pliegue montaña.

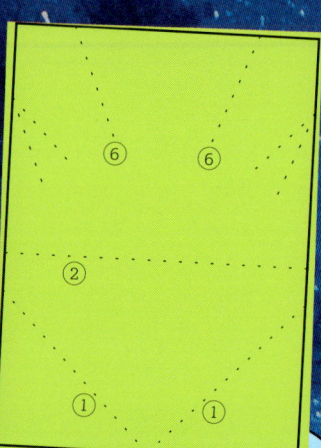

Para que todo sea de lo más fácil, el papel de este libro ya tiene las líneas de plegado impresas en el anverso y el reverso de cada hoja, ¡así que cada pliegue es un pliegue valle! Solo tienes que seguir los pasos.

Qué quieren decir las flechas

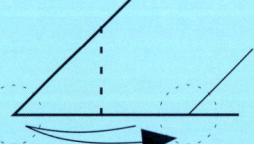

Los centros de los círculos indican los puntos que hay que unir cuando se pliega.

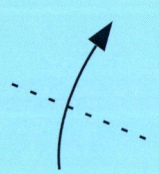

Dobla hacia este lado

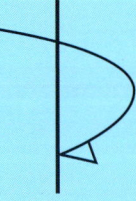

Dobla hacia atrás

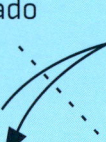

Dobla y desdobla

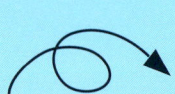

Voltea todo el avión

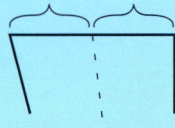

Las llaves indican aquello que tiene la misma anchura, como las solapas que resultan al doblar un borde por la mitad.

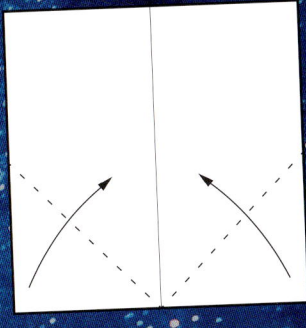

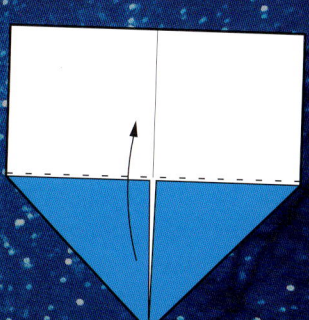

La mayoría de los aviones se empiezan con el papel boca abajo. Los dibujos muestran el anverso del papel en colores más oscuros y el reverso en colores más claros.

El plegado es mucho más fácil si doblas las hojas en dirección opuesta a ti. Alinea los bordes o las esquinas con cuidado, comprueba bien y después pliega el papel. La mejor forma para plegar es empezar por el centro y pasar el dedo, primero por la izquierda y luego por la derecha.

Por último, marca (o, como dicen los niños japoneses, «plancha») el pliegue para que quede bien definido. Pasa la uña del pulgar por el pliegue o utiliza una herramienta como el capuchón de un bolígrafo.

La mayoría de los aviones necesitarán un último retoque para volar del todo bien. Caerán, a no ser que dobles un poco el borde posterior del ala. Esto mantendrá el morro levantado y permitirá que el avión se suspenda en el aire. Pero si se dobla mucho, se frenará y se estrellará. Ve regulando hasta que el avión vuele bien.

Pliega hacia fuera (de ti)

Pliega por el medio

Marca bien el pliegue

Dobla las alas

Prueba de vuelo

Tu avión no volará bien si no está recto y estirado. Sujétalo con el brazo extendido y compruébalo.

Si no lo está, estira con cuidado las alas y la cola hasta que todo quede recto y plano.

Haz una prueba lanzando el avión hacia delante y observa cómo vuela. Si se frena (caso B) o cae en picado (caso C), arréglalo y vuelve a probarlo hasta que planee suavemente como en el caso A.

Recuerda que estos aviones son de papel, y se arrugan cuando aterrizan bruscamente o con tiempo húmedo. Tendrás que volver a ajustarlos de vez en cuando. Si dejan de volar bien, comprueba que estén rectos, pruébalos de nuevo... ¡y volverán a estar listos!

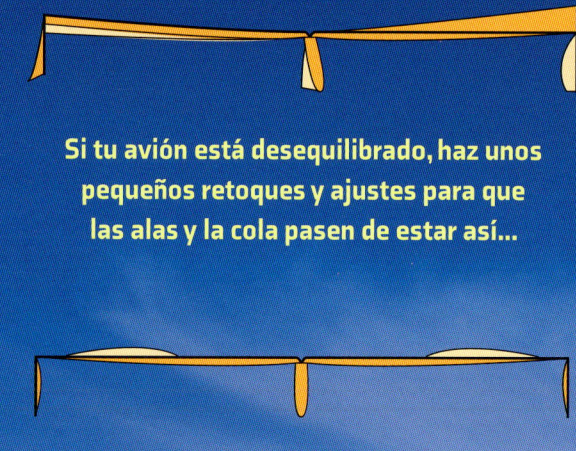

Si tu avión está desequilibrado, haz unos pequeños retoques y ajustes para que las alas y la cola pasen de estar así...

... a esto otro.

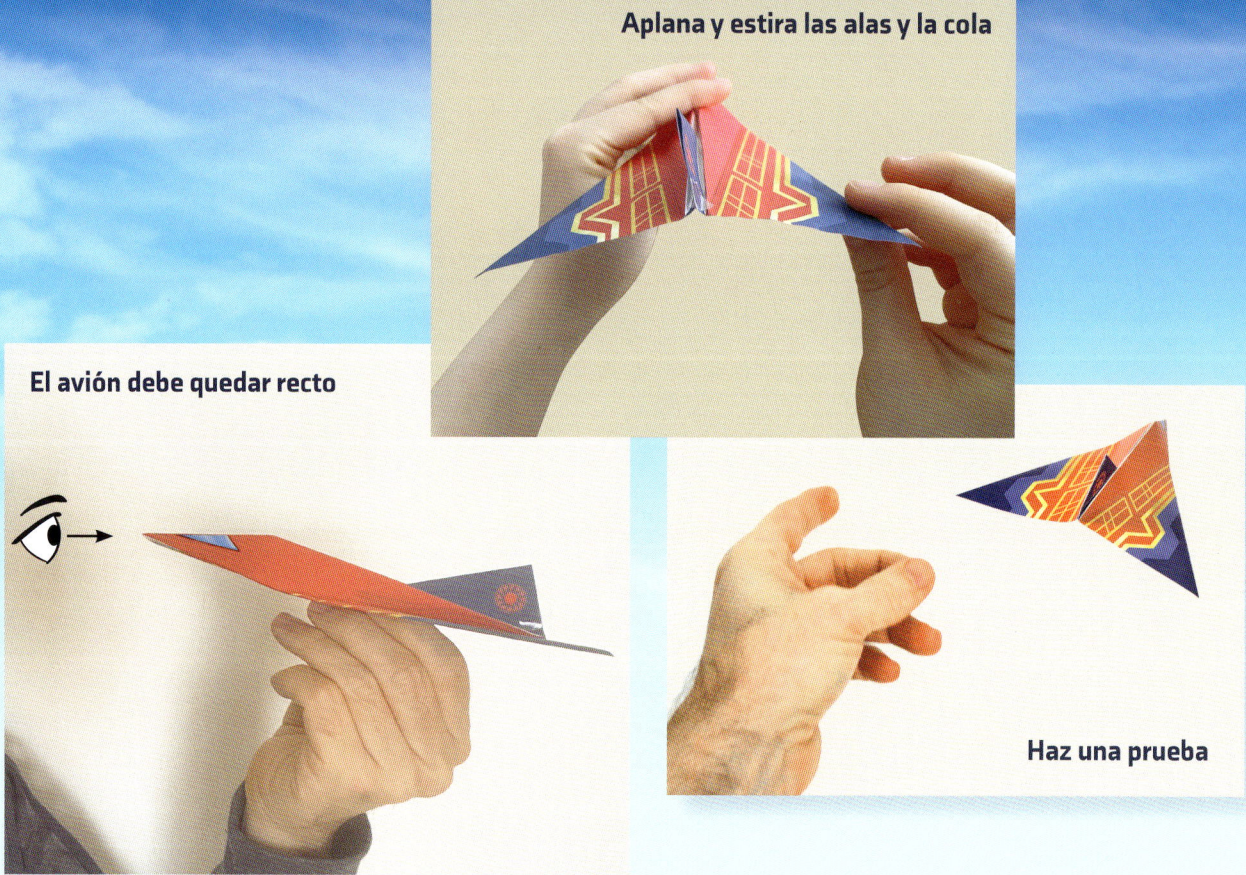

Aplana y estira las alas y la cola

El avión debe quedar recto

Haz una prueba

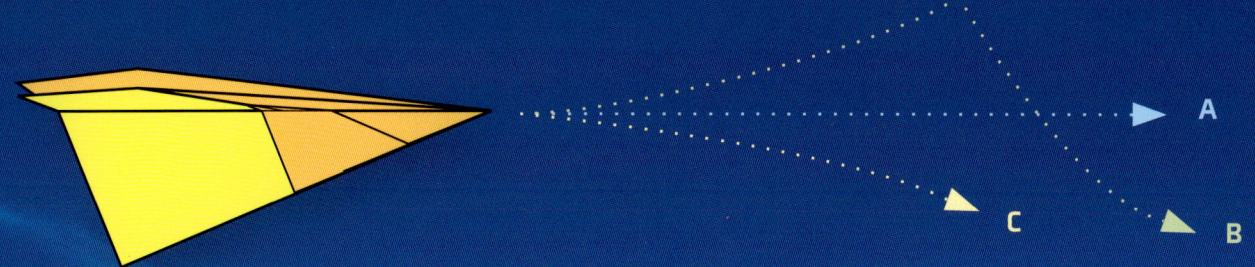

Si tu avión se frena o cae en picado, ajústalo hasta que vuele recto, como en el caso A.

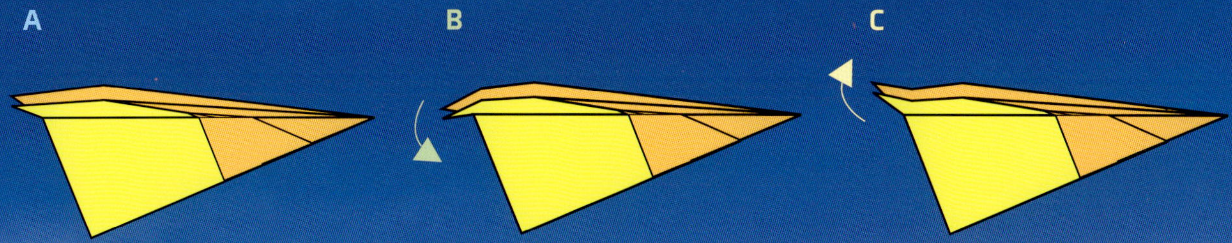

A

¡Así está bien

B

Si se frena, dobla ligeramente la parte trasera del ala hacia abajo.

C

Si cae en picado, dobla un poco hacia arriba la parte trasera del ala.

1   2   3

Si se tuerce hacia la izquierda, dobla un poco hacia arriba la parte trasera del ala derecha.

Si tu avión se tuerce hacia un lado u otro, ajústalo hasta que vuele recto como en el caso 2.

Si se tuerce hacia la derecha, dobla un poco hacia arriba la parte trasera del ala izquierda.

Lleva contigo tus aviones

Todo avión tiene su forma de volar. Algunos son rápidos y otros lentos. Algunos necesitan que los lancen con fuerza y otros, con suavidad. ¿Y cómo es cada uno? Aquí va una pista: ¡lanza suave con unas alas anchas, pero con fuerza los aviones puntiagudos!

Sin quilla

Con quilla

El acorazado Xeno, la lanzadera orbital Zénit y el caza Flecha no tienen quilla por donde agarrar cuando los lanzas, así que hay que tomarlos entre el dedo y el pulgar, como se muestra a continuación, y lanzarlos hacia delante. ¿Se han caído al suelo? No los has impulsado lo suficiente. ¿Volaron hacia el techo y se estrellaron? ¡Demasiado fuerte! Cuando lo hagas bien, estos aviones cruzarán toda la habitación.

La mayoría de los aviones de este libro tienen una quilla donde agarrar. Agárrala entre el índice y el pulgar en el punto de equilibrio (como en la foto de arriba), y dale un buen impulso al avión. Si hay espacio suficiente, lánzalo un poco más fuerte, pero siempre en línea recta. Asegúrate de no golpear a nadie, de no romper nada... ¡ni de pinchar algún ojo!

Cuando haga bueno, lleva tus aviones al parque. Después de unos cuantos vuelos de prueba, intenta lanzarlos lo más fuerte y alto que puedas. ¿Cómo de lejos vuela el tuyo?

Al principio, prueba a lanzar el avión en línea recta. Si apuntas demasiado alto, es probable que el avión se frene y caiga. Lo que quieres es que planee. Un truco es inclinar el avión cuando lo lances. De ese modo, girará en un gran círculo y se elevará antes de que se quede sin velocidad.

Inclinar el avión al lanzarlo le permitirá girar en espiral y así volar más tiempo.

Por otra parte, aviones como el crucero estelar Martillo (página 34), el destructor Quark (página 38) y la lanzadera Destello (página 46) están diseñados para ir casi en línea recta. Si quieres que vuelen bastante rato, deberás lanzar tu avión lo más alto posible. Cuanto más alto salga, más tardará en llegar hasta el suelo.

Así es como lanzan sus aviones los plusmarquistas mundiales. Empieza con el avión cerca del suelo y utiliza tanto las piernas y la espalda como los brazos. Sin embargo, no lances el avión con violencia, ya que solo dará vueltas y revoloteará. Un lanzamiento largo y suave permite que el avión vaya en línea recta. Te sorprenderá lo alto que puede llegar.

El bote salvavidas Hélice (página 50) es diferente de otros, porque planea en espiral como una semilla de arce, en lugar de hacerlo en línea recta. Si lo lanzas desde la altura de los hombros, o desde lo alto de una escalera, sujeta el extremo grueso entre el pulgar y el dedo corazón, con el índice en la esquina, y dale un ligero toque al soltarlo, para que empiece a girar.

Pero el Hélice también se puede lanzar bastante alto para vuelos más largos, si tienes espacio suficiente. Sujeta el extremo grueso entre los dedos pulgar e índice y lánzalo recto hacia arriba. El lanzamiento puede hacerse por encima o por debajo de la mano, según te resulte más cómodo. Si no empieza a girar en la parte superior, lánzala un poco inclinada.

Crucero estelar Martillo

El Martillo es la columna vertebral de la flota de naves estelares: enorme, rápido y poderoso. Un gran número de ellas patrulla la galaxia, deslizándose silenciosamente por el espacio interestelar allá donde se las necesite. A los pilotos estelares les encanta el momento de la batalla en que derriban el Martillo. Este avión es una versión del avión calamar japonés. Las pequeñas alas delanteras, que lo asemejan un poco a un calamar, ayudan a que no se detenga, ¡así que puedes lanzarlo con mucha fuerza!

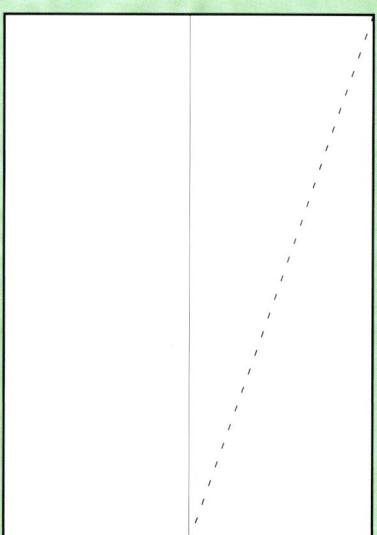

1 Empieza con el papel boca abajo. Dobla la esquina inferior derecha por la línea 1.

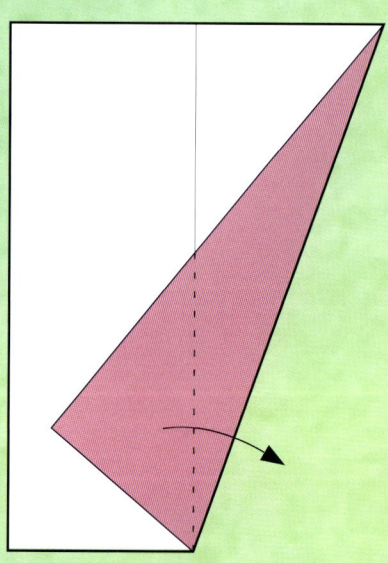

2 Dobla de nuevo esa esquina por la línea 2.

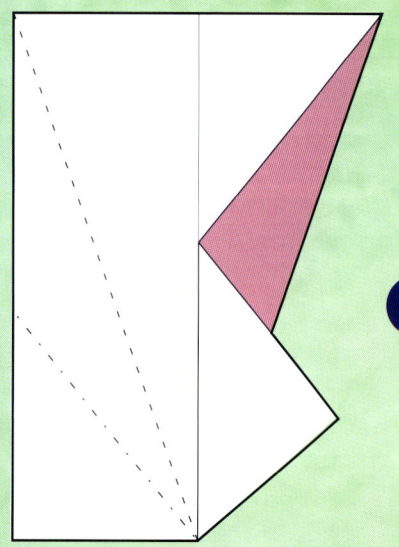

3 Repite los dos primeros pasos por la otra cara por las líneas 3 y 4.

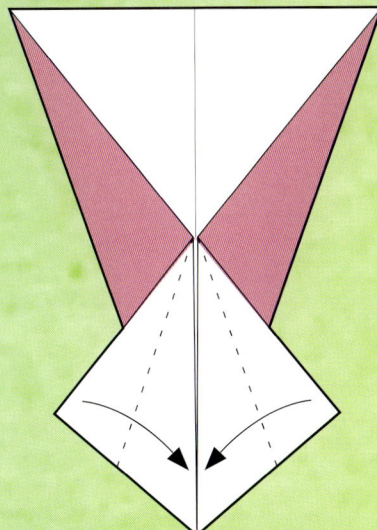

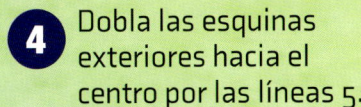

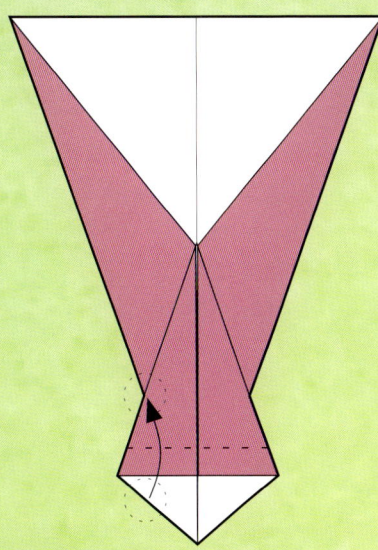

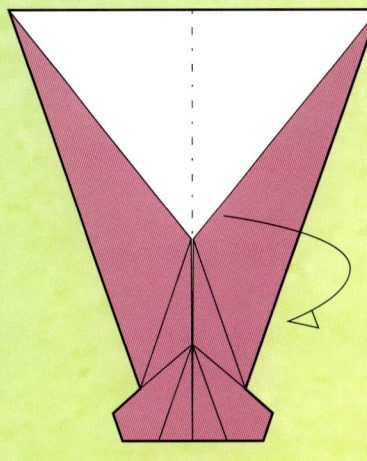

4 Dobla las esquinas exteriores hacia el centro por las líneas 5.

5 Dobla la punta delantera hacia arriba por la línea 6.

6 Dobla el avión por la mitad, llevando las alas hacia fuera de ti (pliegue montaña).

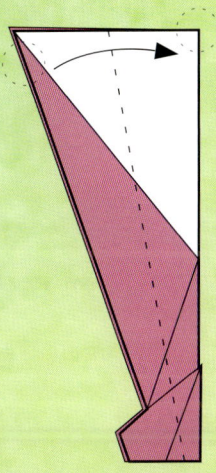

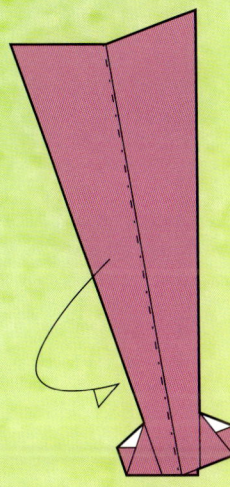

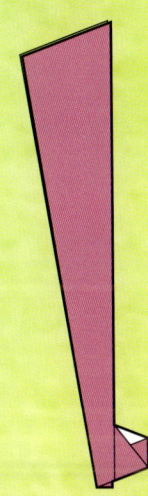

7 Dobla el ala superior por la línea 7, de modo que el borde del ala se encuentre con el eje central.

8 Dobla la segunda ala hacia atrás por la otra línea 7.

9 Abre las alas, endereza el avión y... ¡listo!

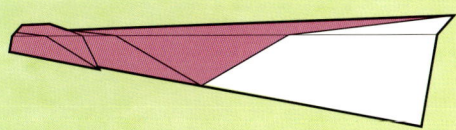

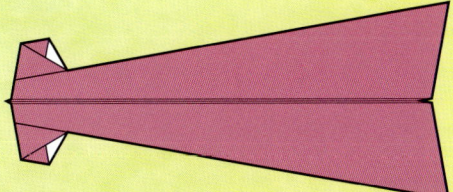

Fragata estelar Cometa

Cuando el enemigo intenta huir, el Cometa es la aeronave que le da caza. Está a la altura de casi cualquier nave estelar en combate, pero también es más rápida que casi todo lo demás que nos podemos encontrar en el espacio. Muy pocos escapan al Cometa. Esta es otra versión del avión calamar, con un sencillo pero resistente diseño para las alas del morro.

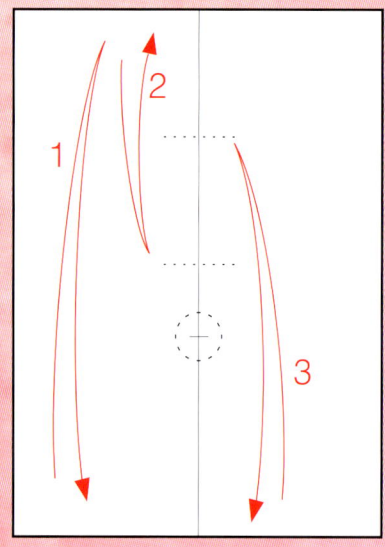

1 Empieza con el papel boca abajo. Haz una marca donde esté el círculo. Las flechas muestran cómo encontrar el lugar.

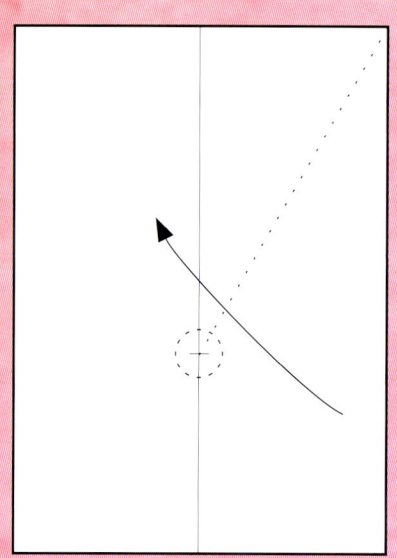

2 Dobla el papel a lo largo de la línea 1, entre la marca del círculo y la esquina superior derecha.

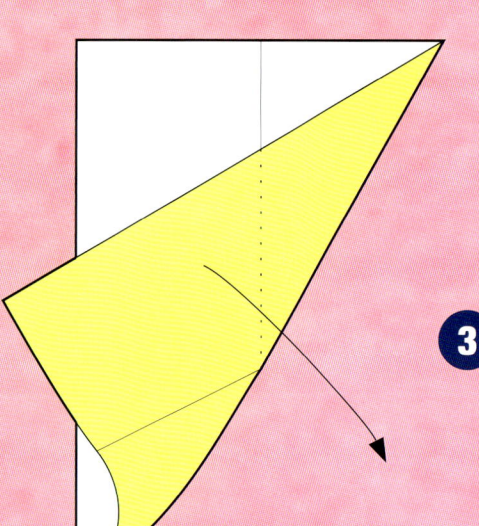

3 Dobla el papel por la línea 2, sombreando la línea central.

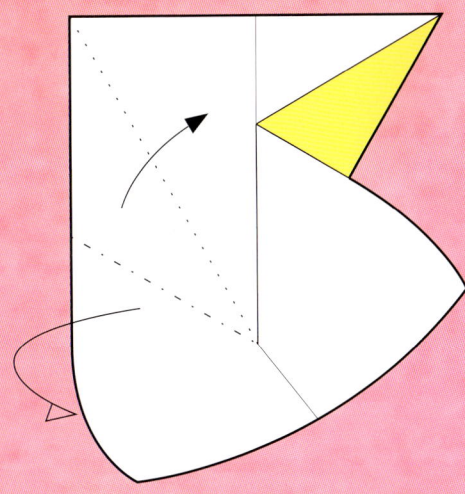

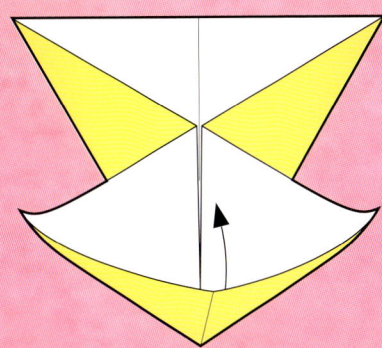

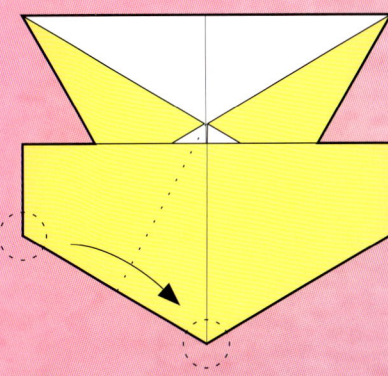

4 Repite los dos primeros pasos en el otro lado con las líneas 3 y 4.

5 Dobla la solapa por delante y pliega a lo largo de los bordes inferiores (por las líneas 5).

6 Dobla la capa superior izquierda, de esquina a esquina, por la línea 6.

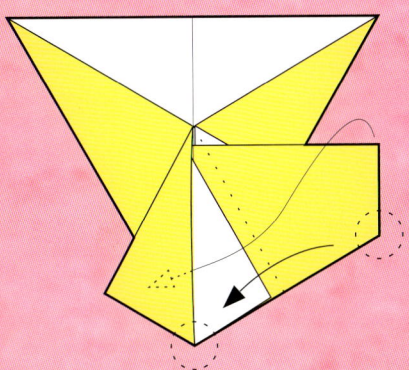

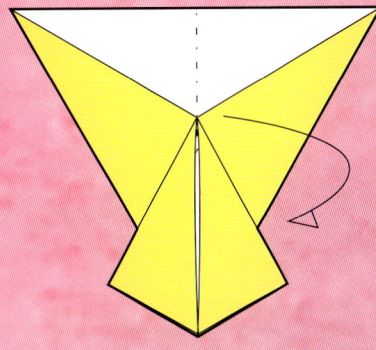

7 Dobla la capa superior derecha por la línea 7. Meta la esquina suelta dentro del bolsillo del lado izquierdo.

8 Dobla el avión por la mitad, empujando las alas hacia fuera de ti (pliegue montaña).

9 Dobla el ala superior por la línea 8, de modo que el borde del ala se encuentre con el eje central.

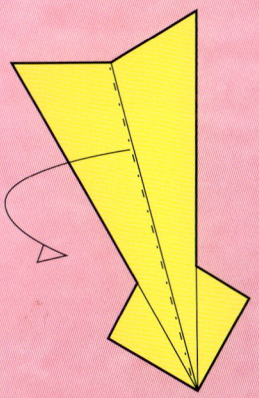

10 Dobla la otra ala hacia atrás por la otra línea 8.

11 Abre las alas, endereza el avión y... ¡listo!

Destructor Quark

Anchos, fuertes e imponentes, los destructores Quark son temidos allá donde van. Y como escoltan todas las excursiones y convoyes, ¡parecen estar en todas partes!

Este avión tiene mucho peso en el morro, lo que lo hace perfecto para lanzamientos fuertes y vuelos de precisión. Si te diriges a un juego que requiere precisión, ¡este es tu avión!

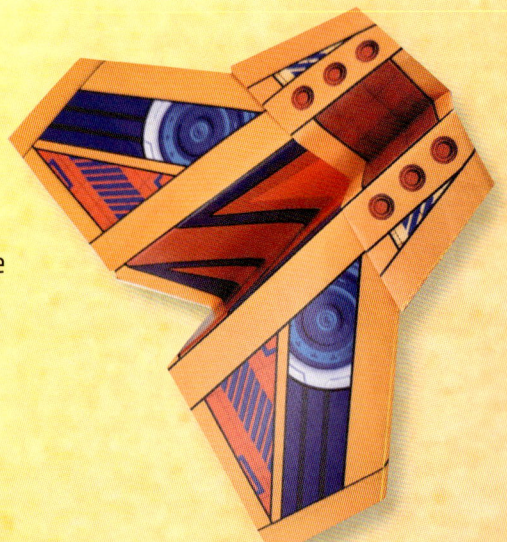

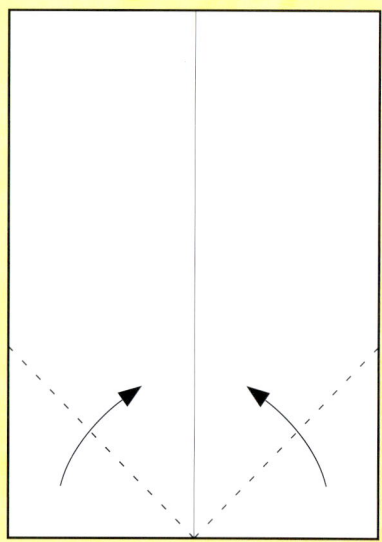

1 Empieza con el papel boca abajo. Dobla las esquinas inferiores hacia la línea central por las líneas 1.

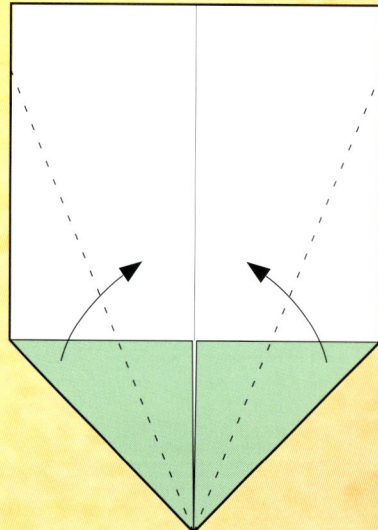

2 Dobla los bordes inferiores hacia la línea central por las líneas 2.

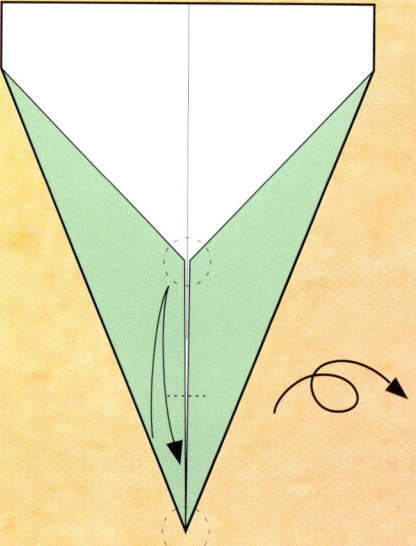

3 Marca el punto intermedio entre los dos círculos con un pequeño pliegue y da la vuelta al avión.

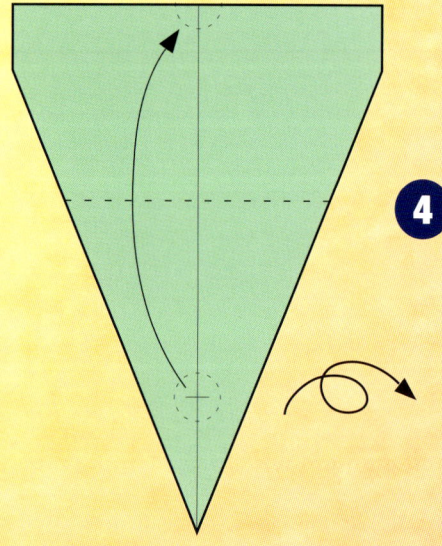

4 Dobla el avión por la línea 3 de modo que la marca toque el borde superior. Vuelve a dar la vuelta al avión.

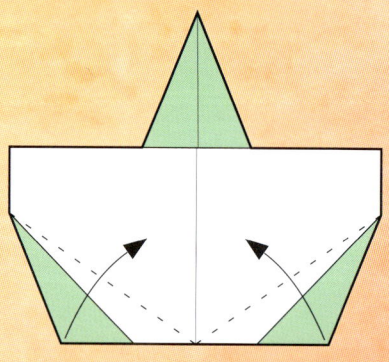

5 Dobla las esquinas por las líneas 4.

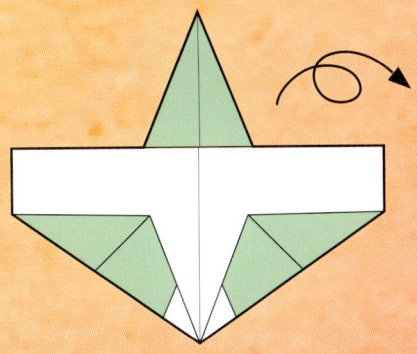

6 Dale la vuelta al avión.

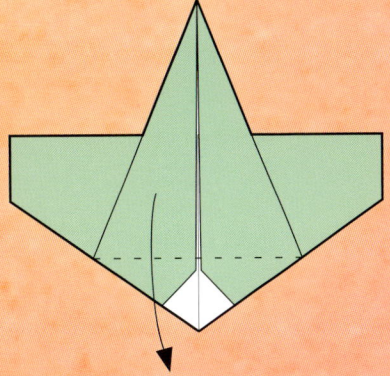

7 Dobla la capa superior hacia abajo por la línea 5.

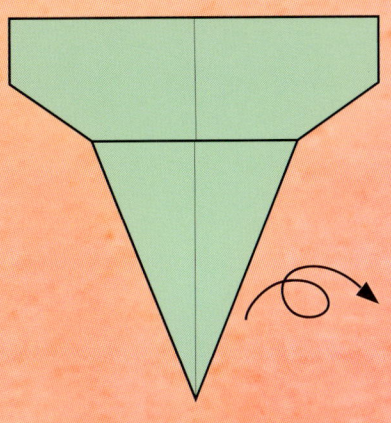

8 Dale la vuelta al avión de nuevo.

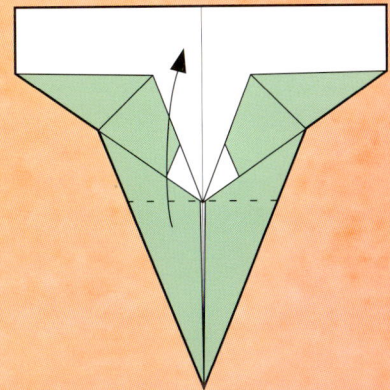

9 Dobla la punta hacia arriba por la línea 6.

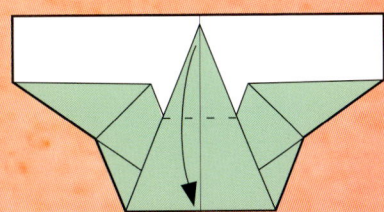

10 Dobla la punta hacia abajo por la línea 7, justo hasta encontrar el borde.

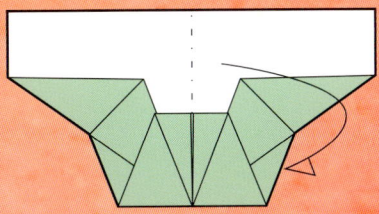

11 Dobla el avión por la mitad, empujando las alas hacia fuera de ti (pliegue montaña).

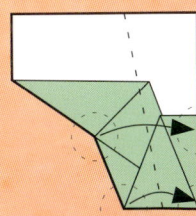
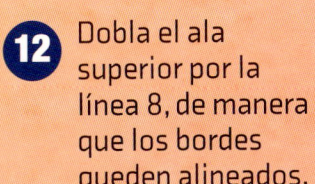

12 Dobla el ala superior por la línea 8, de manera que los bordes queden alineados.

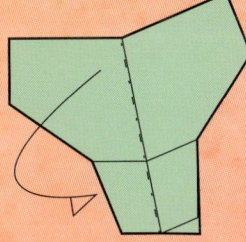

13 Dobla la otra ala por detrás para que coincida.

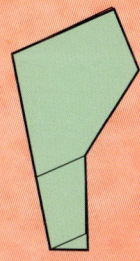

14 Abre las alas y... ¡Adelante!

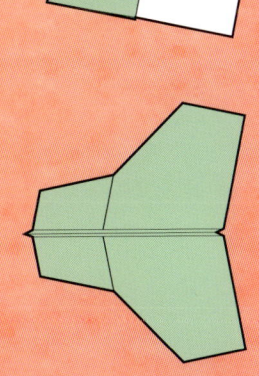

Caza Mariposa

El Mariposa es un tipo de caza más antiguo, lento y ligero que otros posteriores, pero más ágil y maniobrable. A los pilotos les encanta cómo zigzaguea entre montones de naves estelares y cómo lucha en espacios reducidos sin peligro de quedar atrapado. Los aviones de papel de este tipo, con los paneles de las alas desplegados, suelen tener un vuelo muy plano, pero son delicados y flexibles. Este tiene un morro resistente que mantiene toda el ala recta y estable, por lo que se puede lanzar con bastante fuerza.

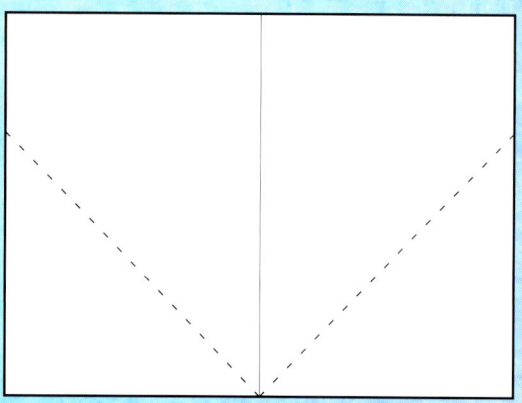

1 Empieza con el papel boca abajo. Dobla las esquinas hacia la línea central en las líneas 1.

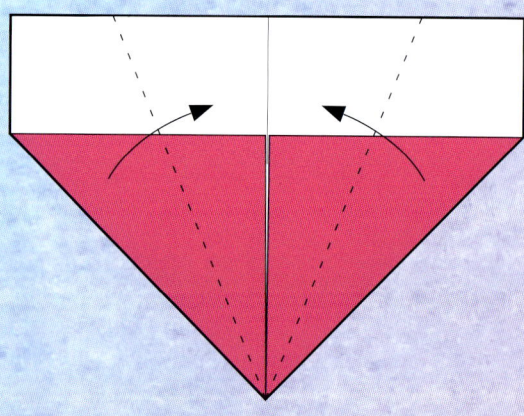

2 Dobla los bordes inferiores hacia la línea central en las líneas 2.

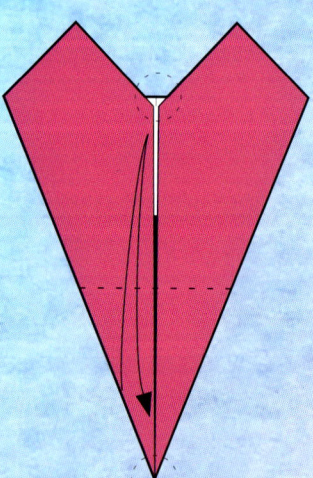

3 Dobla y desdobla, de punta a punta, en la línea 3.

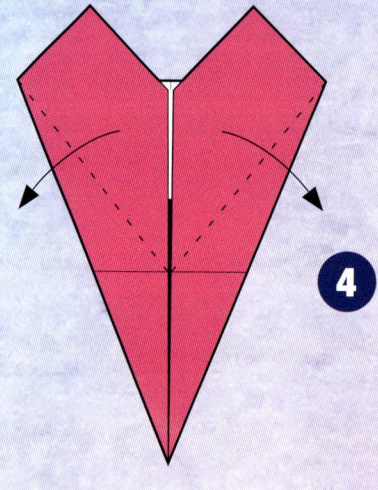

4 Dobla las dos esquinas superiores por las líneas 4, y empieza por el pliegue que acabas de hacer.

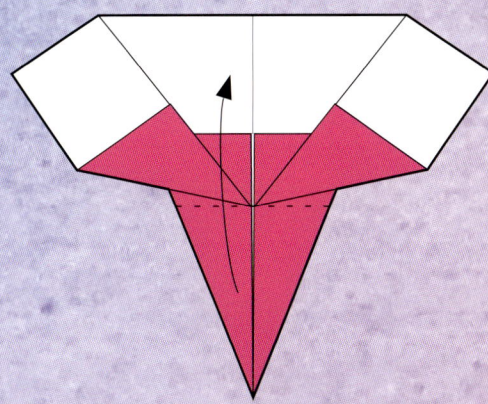

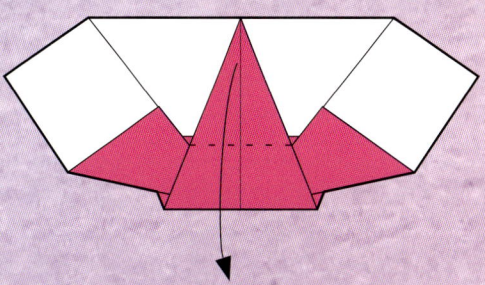

5 Vuelve a doblar la línea 3.

6 Dobla hacia abajo la línea 5, y empieza por donde se cruzan los bordes.

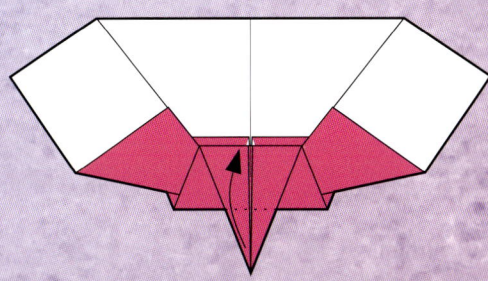

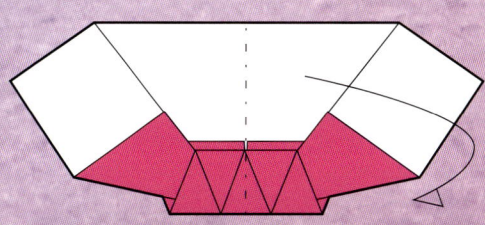

7 Dobla la punta hacia arriba hasta el pliegue hecho en el paso anterior en la línea 6.

8 Dobla el avión por la mitad, hacia abajo.

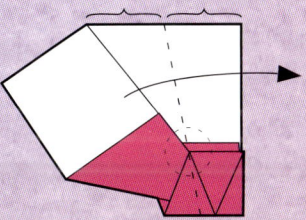

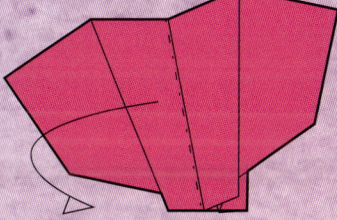

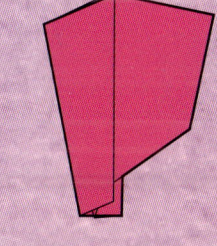

9 Dobla la capa superior por la línea 7. Empieza por la mitad del borde superior y pasa por la esquina que aquí mostramos.

10 Dobla la otra ala hacia atrás en la línea 8.

11 Abre las alas y... ¡listo!

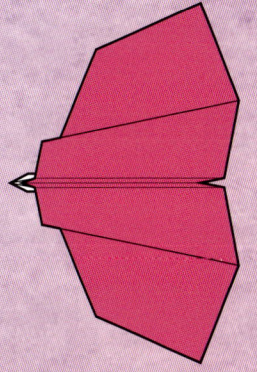

Carguero Stargo

Puede que los cargueros no sean las naves estelares más excitantes, pero son una parte esencial de la flota. Y los de la clase Stargo no son cargueros torpes e indefensos. Pueden seguir el ritmo de los destructores y cuentan con importantes defensas. Y a los tripulantes de la clase Stargo les encanta la comodidad que permite su tamaño: nada de las estrecheces de las naves más rápidas. Este avión empieza como otra versión del avión calamar, pero luego las alas se meten hacia dentro para generar más estabilidad y un poco de velocidad. Prepárate para sorprender a tus amigos. ¡Vuela mucho mejor de lo que ellos creen!

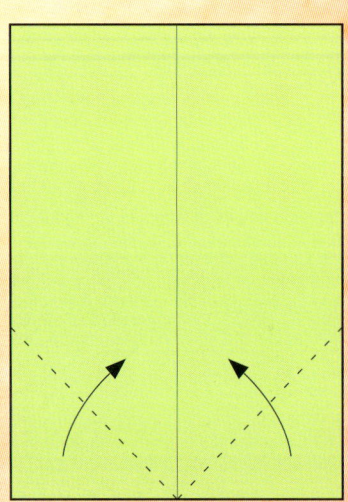

1 Comienza con el papel hacia arriba. Dobla las esquinas hacia la línea central por las líneas 1.

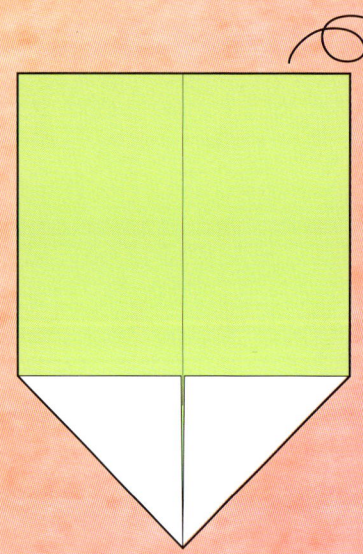

2 Dale la vuelta al papel.

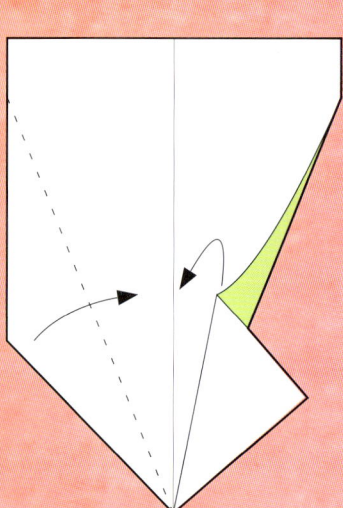

3 Dobla los bordes inferiores hacia la línea central por las líneas 2, mientras tiras de la capa de abajo hacia fuera a la vez.

4 Dobla los dos lados de la capa superior hacia la línea central por las líneas 3.

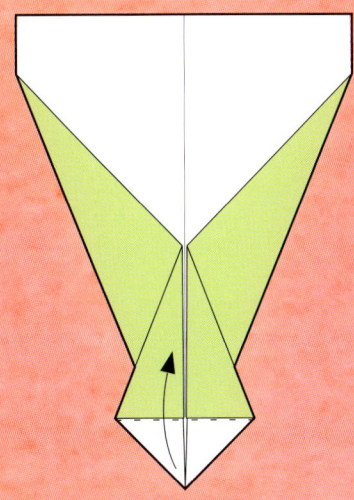

5 Dobla la punta hacia arriba por la línea 4.

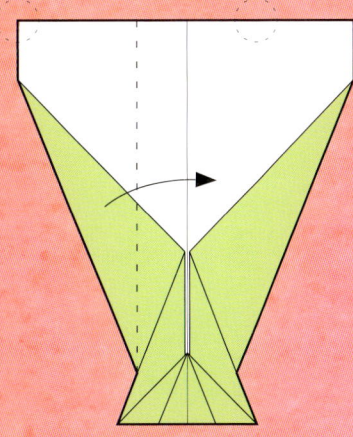

6 Dobla el lado izquierdo del avión por la línea vertical 5, empezando por la esquina que se muestra.

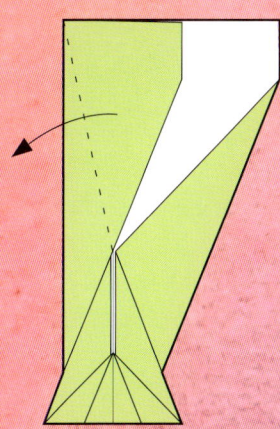

7 Dobla la capa superior hacia atrás por la línea 6.

8 Repite los pasos 6 y 7 en las líneas 7 y 8.

9 Dobla el avión por la mitad, llevando las alas hacia fuera (pliegue montaña).

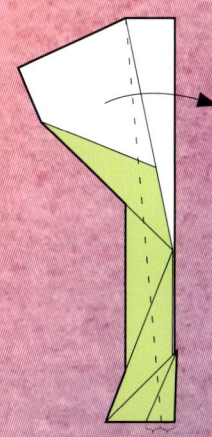

10 Dobla el ala superior por la línea 9, empezando y terminando en los puntos indicados.

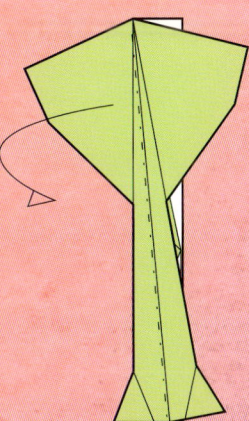

11 Dobla la otra ala por la línea 10.

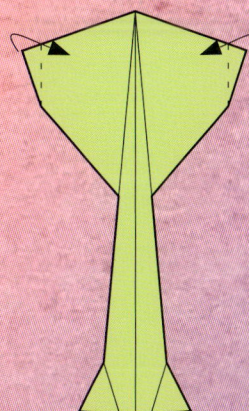

12 Dobla las puntas de las alas por las líneas 11, paralelas a la línea central. ¡Ya lo tienes!

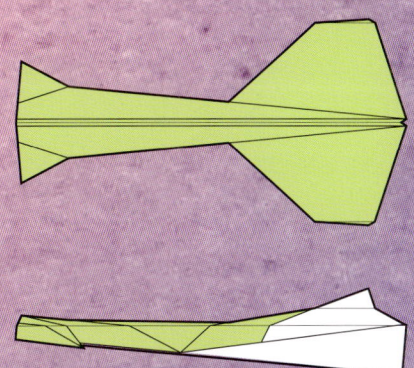

Nave de mando Esquirla

Es la nave más rápida de la flota y, sin duda, la más reconocible. Está diseñada para ser funcional y permitir a los oficiales de Estado Mayor una visión clara de todo lo que les rodea. Los pilotos sueñan con unirse a las tripulaciones de élite que tripulan la clase Esquirla. No hay ninguna regla que diga que un avión tiene que tener la misma forma por ambos lados. Aunque este avión tiene un aspecto muy extraño, el equilibrio es el correcto y vuela muy bien. Le puse el nombre de una pieza de cerámica rota porque eso es lo que parece.

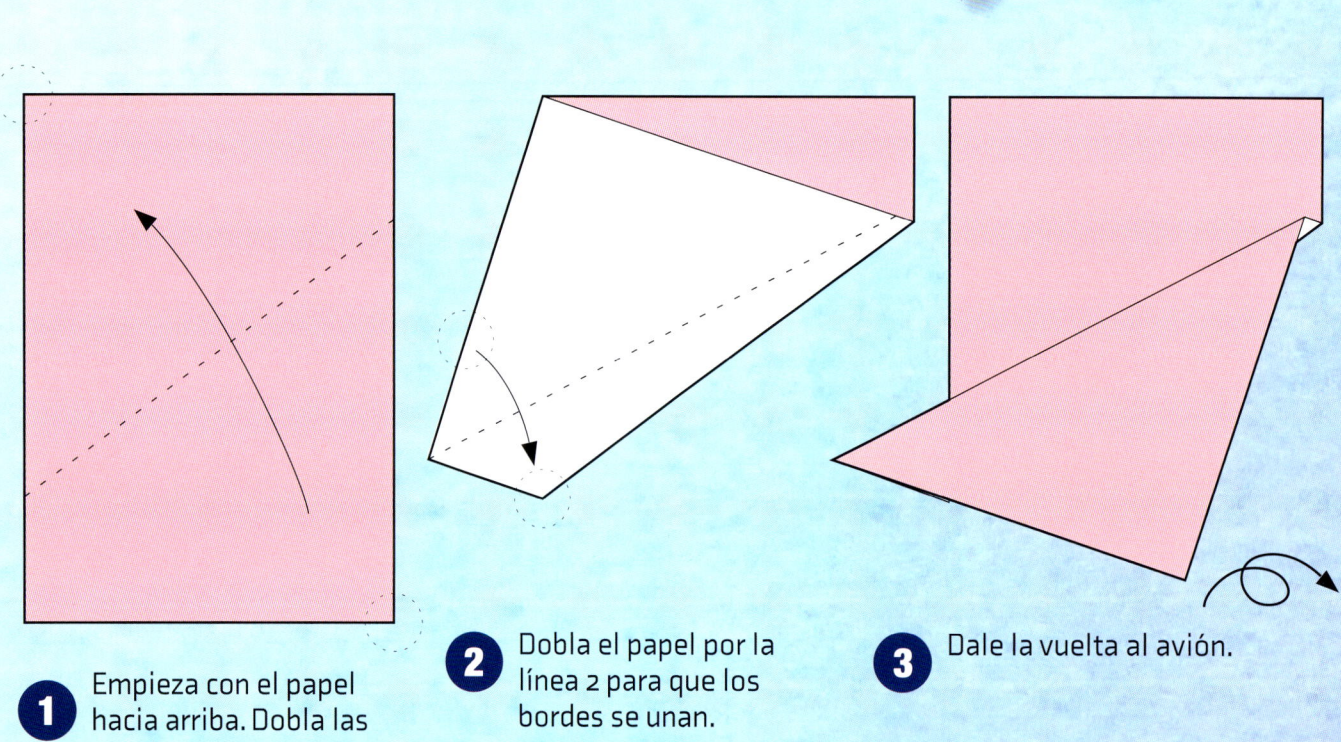

1 Empieza con el papel hacia arriba. Dobla las esquinas opuestas por la línea 1.

2 Dobla el papel por la línea 2 para que los bordes se unan.

3 Dale la vuelta al avión.

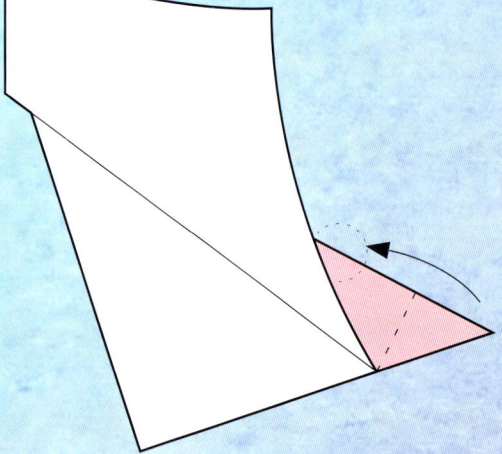

4 Dobla la esquina suelta de la línea 3 y métela bajo la capa superior.

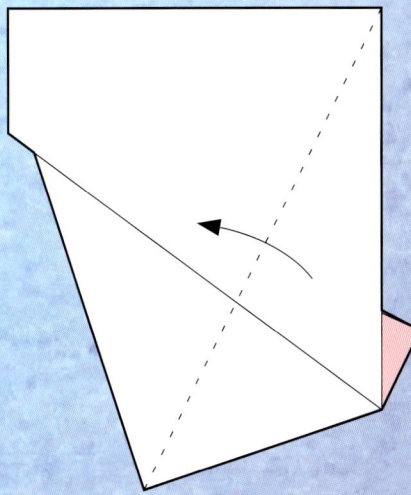

5 Dobla el papel por la línea 4.

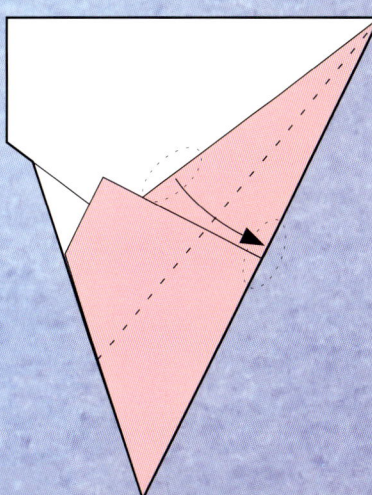

6 Dobla la capa superior por la línea 5 de manera que los bordes se unan.

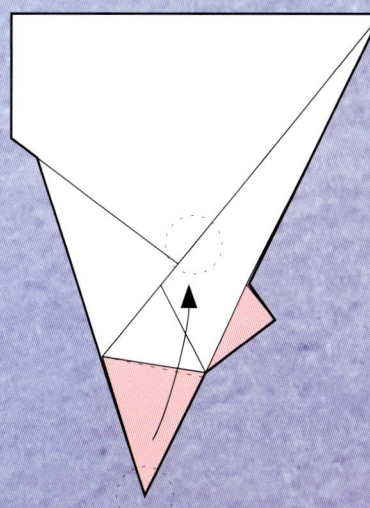

7 Dobla la punta hacia arriba por la línea 6.

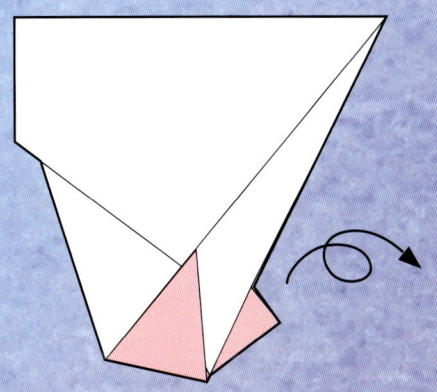

8 Dale la vuelta al avión.

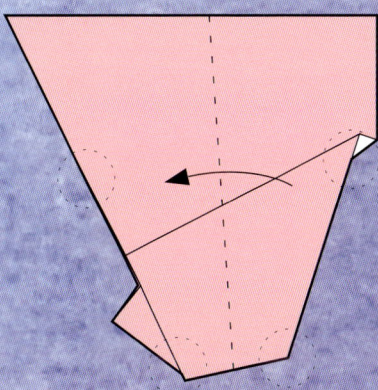

9 Dobla el avión hacia ti por la línea 7 de manera que los bordes se unan.

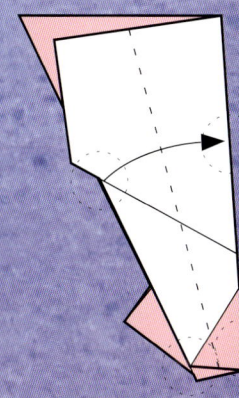

10 Dobla el ala superior por la línea 8 de manera que los bordes se unan.

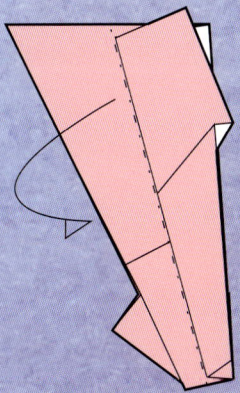

11 Dobla la otra ala hacia atrás por la línea 9.

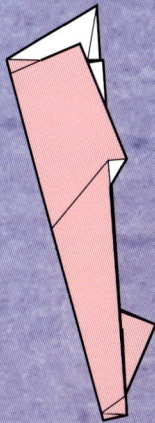

12 Extiende las alas y... ¡ya está!

Hay que subir la punta del ala solo en el lado izquierdo.

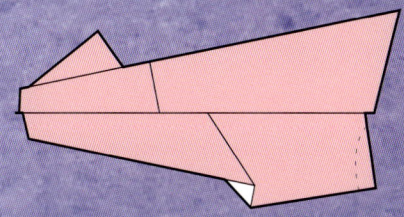

Lanzadera Destello

Las lanzaderas Destello están siempre en marcha cuando la flota está en el espacio, transportando personal, mensajes y equipo de una nave a otra. Son muy rápidas y tienen una resistencia sorprendente, pero no pueden apartarse mucho tiempo de las defensas de las demás naves. El Destello se parece un poco al avión con el que Takuo Toda consiguió su primer récord mundial. Su plegado es diferente, por supuesto, excepto por los pliegues que cierran el morro. Es lo que se llama el *Toda Lock*. El morro es robusto y las alas grandes y firmes, así que puedes lanzar el Destello tan fuerte como quieras. ¿También puedes batir un récord?

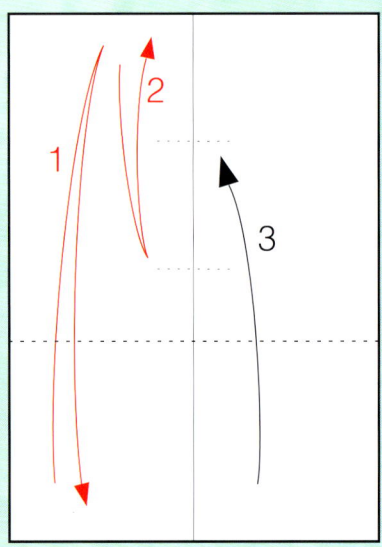

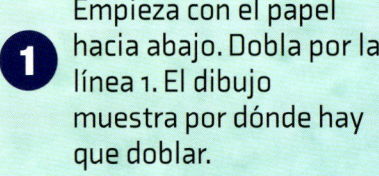

1 Empieza con el papel hacia abajo. Dobla por la línea 1. El dibujo muestra por dónde hay que doblar.

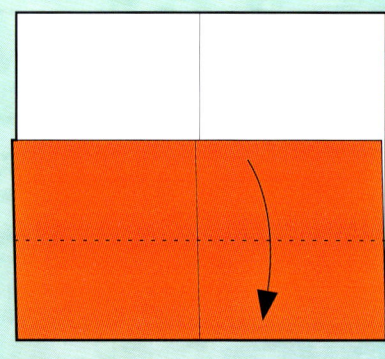

2 Dobla el borde suelto hacia abajo por la línea 2.

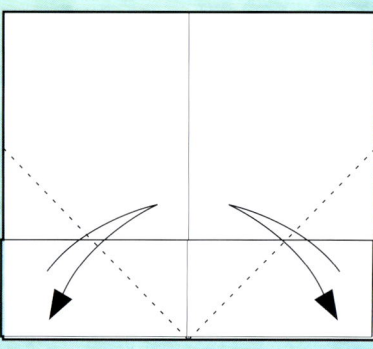

3 Dobla las esquinas hacia el centro por las líneas 3, y desdóblalas.

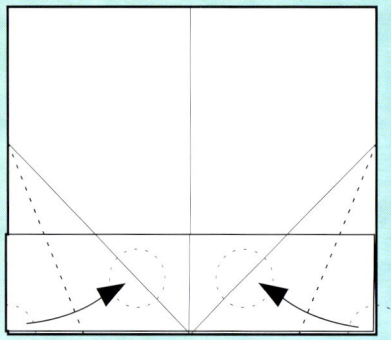

4 Dobla las esquinas hacia los nuevos pliegues de las líneas 4.

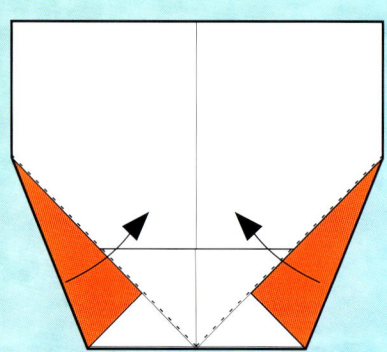

5 Vuelve a doblar las líneas 3.

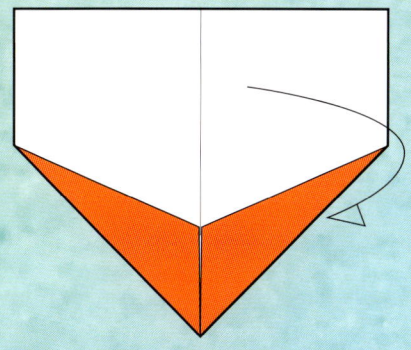
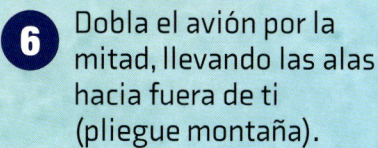
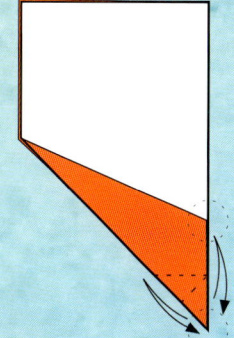
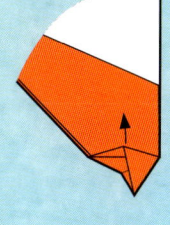
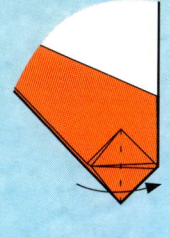
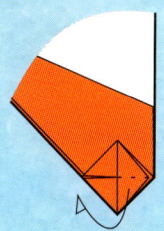

6 Dobla el avión por la mitad, llevando las alas hacia fuera de ti (pliegue montaña).

7 Dobla y desdobla el morro por las líneas 5 y 6.

8 Extiende el morro como indican los pliegues, aplánalo, dobla la punta suelta hacia abajo por la línea 7 y empuja la mitad inferior hacia atrás.

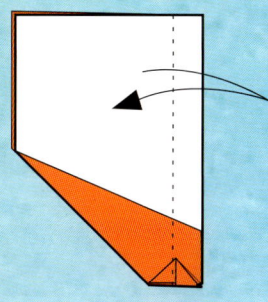
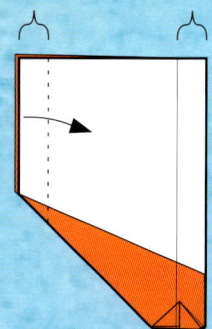
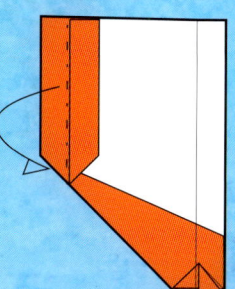

9 Pliega y despliega ambas alas por las líneas 8.

10 Dobla hacia abajo el alerón del ala superior por la línea 9. Tiene la misma anchura que el fuselaje.

11 Dobla el otro alerón por la otra línea 9.

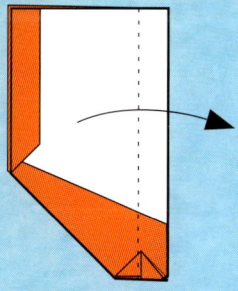
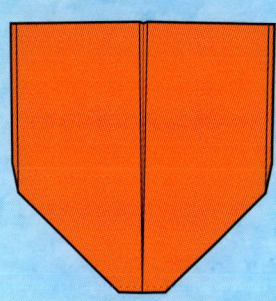
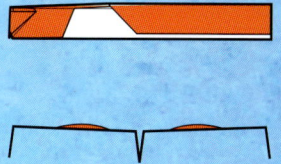

12 Endereza las alas y el alerón y... ¡Adelante!

Caza Triada

Los cazas Triada son nuevas incorporaciones a la flota, a pesar de su diseño de aspecto clásico. Dos pilotos trabajan juntos para pilotar la nave y perseguir al enemigo. Las primeras versiones tenían problemas de estabilidad, pero un rediseño de las aletas de cola los solucionó. Una vez que los nuevos cazas Triada se fijan un objetivo, se agarran a él como si estuvieran clavados. Los alerones girados hacia abajo hacen que este avión parezca del revés, pero me parece que funcionan mejor que los que van hacia arriba, sobre todo porque cortan el aire intacto que hay debajo del avión en lugar del aire más ligero que fluye sobre la parte superior del ala. El nombre responde a la forma en que el avión se pliega, todo en tercios y triángulos.

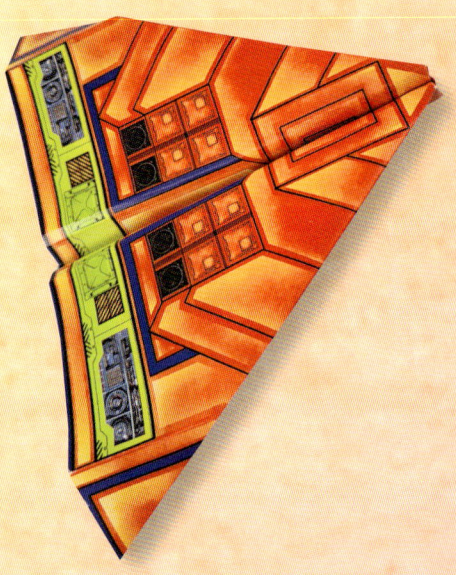

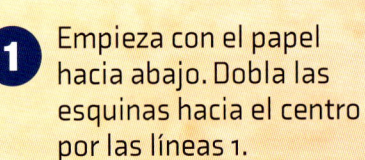

3 Dobla el lado derecho por la línea 3.

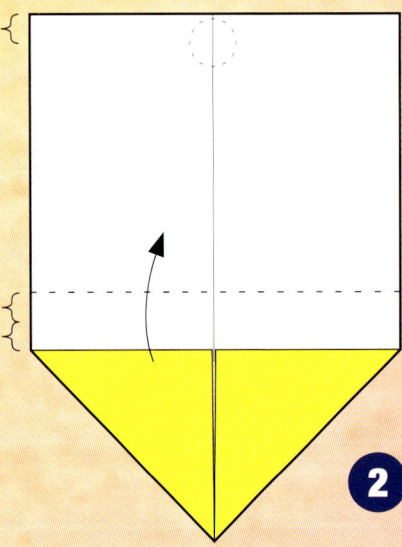

2 Dobla el papel por la línea 2, de manera que el espacio entre la punta y el borde superior sea la mitad de ancho que el nuevo borde lateral. El paso 3 muestra cómo quedará.

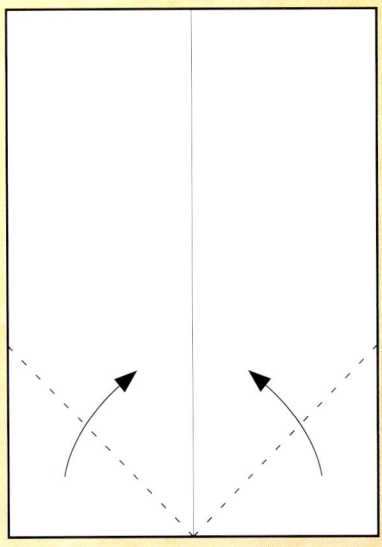

1 Empieza con el papel hacia abajo. Dobla las esquinas hacia el centro por las líneas 1.

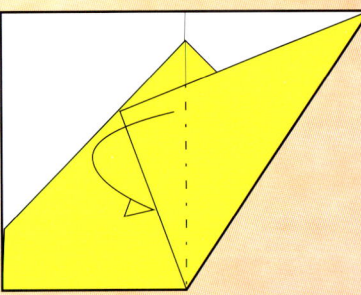

4 Haz un pliegue montaña en la capa superior por la línea 4, para que coincida con la línea central.

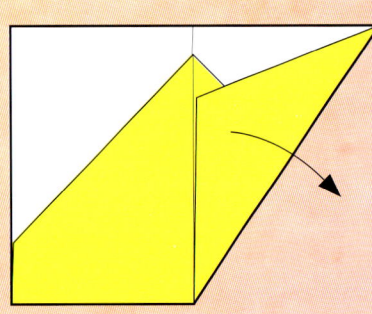

5 Desdobla la capa superior.

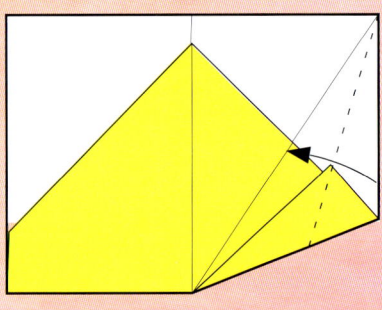

6 Dobla el borde exterior hacia el pliegue de la línea 5.

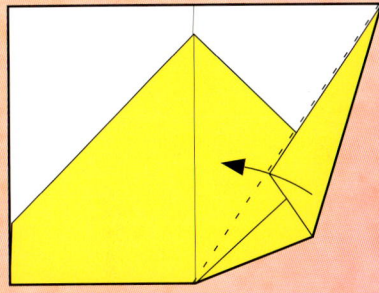

7 Vuelve a doblar por la línea 3.

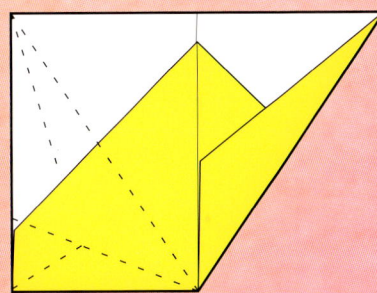

8 Dobla el lado izquierdo de la misma manera en las líneas 6 a 8.

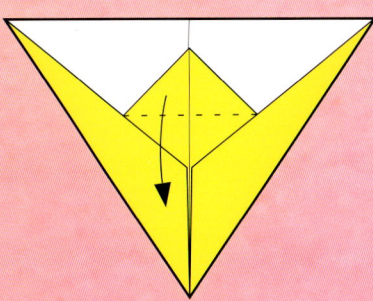

9 Dobla la capa superior hacia abajo por la línea 9.

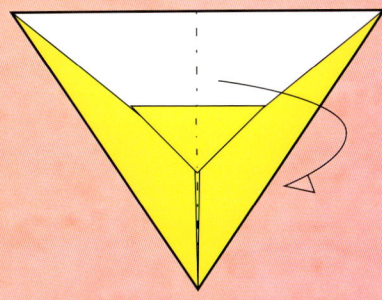

10 Dobla el avión por la mitad, llevando las alas hacia fuera de ti (pliegue montaña).

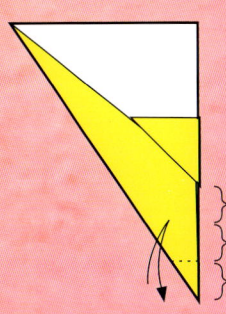

11 Dobla y desdobla la punta por la línea 10.

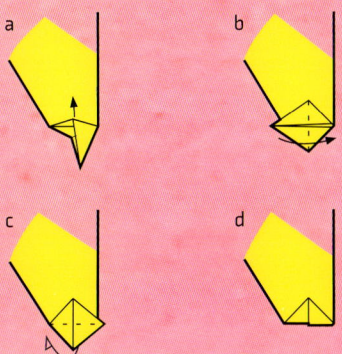

12 Tira de la capa superior del morro hacia arriba y dóblalo hacia atrás. La esquina inferior derecha se doblará hacia arriba y se aplanará por las líneas 11. Dobla la punta hacia abajo en la línea 12, y luego dobla la capa inferior hacia el otro lado.

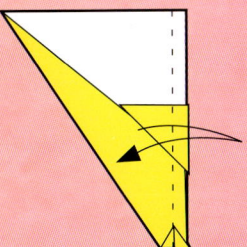

13 Dobla y desdobla las alas siguiendo las líneas 13, paralelas al centro.

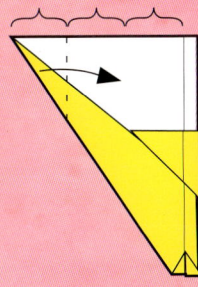

14 Dobla las puntas de las alas por las líneas 14, a un tercio de la anchura del ala. ¡Y listo!

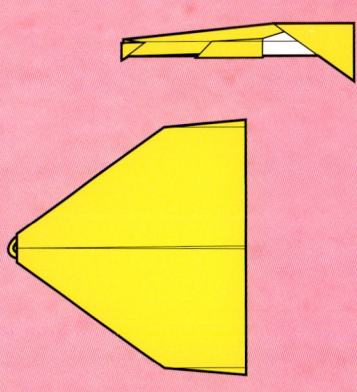

Bote salvavidas Hélice

El espacio es un entorno implacable y letal para los pilotos cuyas naves estelares sufren una avería. Todas las naves grandes llevan botes salvavidas Hélice para su tripulación. Pueden volar sin piloto si todos están heridos, y aterrizar sin ayuda en cualquier planeta. Gracias a su única ala descienden en espiral a través de la atmósfera. Este avión no solo vuela de una forma poco habitual, sino que ni siquiera parece un avión. Está inspirado, por supuesto, en la semilla del arce, que puede salvar grandes distancias a base de giros y más giros.

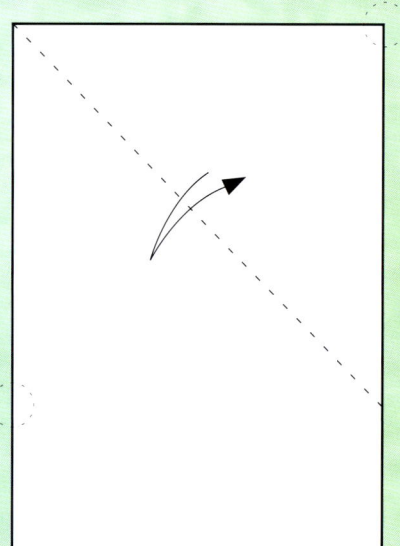

1 Empieza con el papel hacia abajo. Pliega y despliega la línea 1.

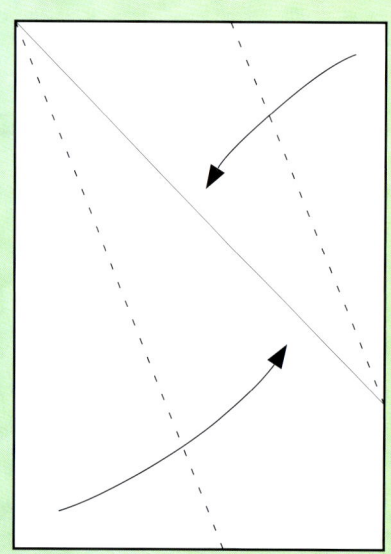

2 Dobla las esquinas superior derecha e inferior izquierda hacia el pliegue de las líneas 2 y 3.

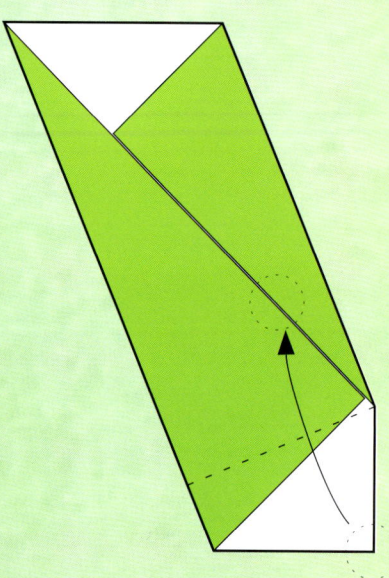

3 Dobla hacia arriba el borde inferior por la línea 4 como se muestra.

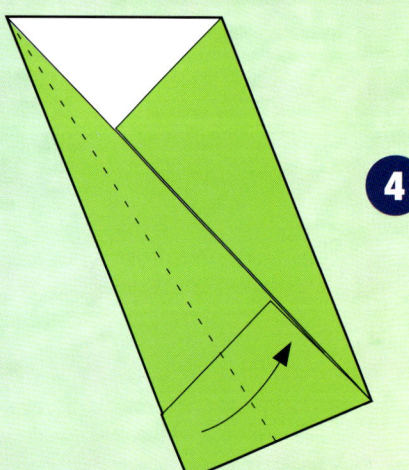

4 Dobla el borde izquierdo hacia el pliegue central por la línea 5.

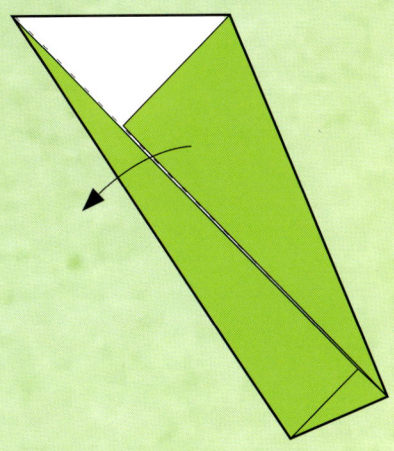

5 Vuelve a doblar el pliegue central.

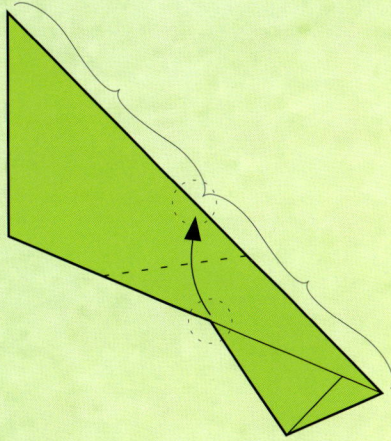

6 Busca el centro del borde derecho. Dobla la parte inferior hacia arriba por la línea 6, de modo que la esquina se encuentre con el punto central, como en la imagen.

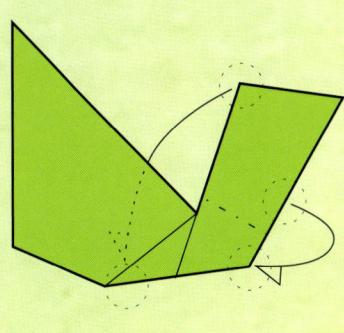

7 Haz un pliegue montaña en la línea 7 para que los bordes y las esquinas se junten como en la imagen.

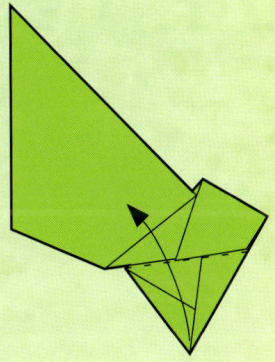

8 Dobla hacia arriba por la línea 8.

9 Haz un pliegue montaña en la última esquina de la línea 9 y métela por dentro del bolsillo. ¡Y listo!

Deja caer el avión desde un lugar alto, o dale un suave golpecito para que empiece a girar. También puedes lanzarlo hacia arriba, con la punta por delante, y caerá girando. ¡Ten mucho cuidado de no caerte si lo pilotas!

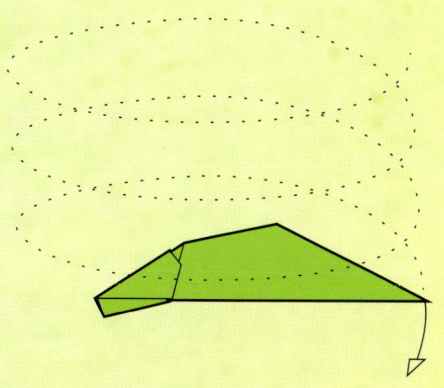

Acorazado Xeno

El diseño sencillo y casi sin adornos de los **acorazados de la clase Xeno oculta su grandeza. Son tan grandes que un tripulante no podría recorrerlos de proa a popa en un solo día. Cada uno de ellos cuenta con armas de largo alcance y blindaje.** Muy pocas naves enemigas intentan siquiera enfrentarse a ellas, y todos los acorazados Xeno que se han construido siguen en servicio. Este avión utiliza la tensión natural del papel para crear curvas sofisticadas y aerodinámicas a pesar de la extrema sencillez de los pliegues. Hay que lanzarlo con el morro apuntando un poco hacia arriba, pero después se desliza con gracia por el aire y atraviesa la habitación.

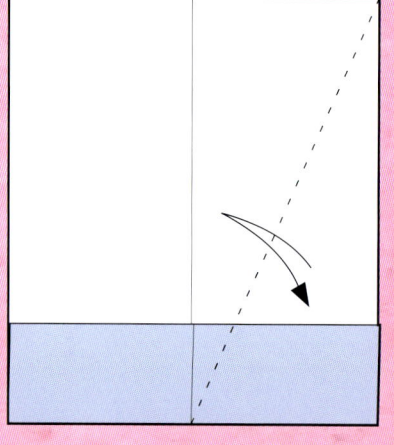

2 Dobla y desdobla el lado derecho por la línea 2.

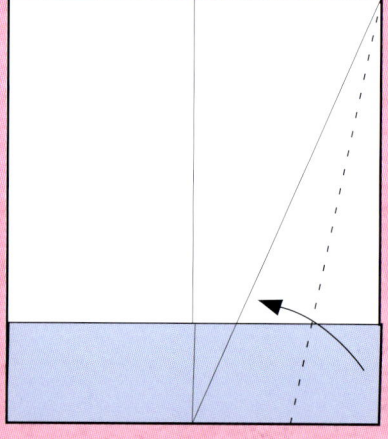

3 Dobla el borde derecho hacia el pliegue de la línea 3.

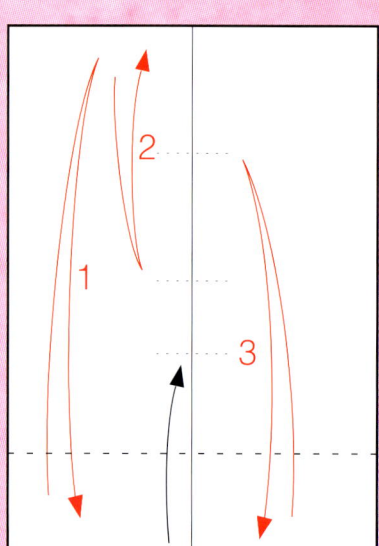

1 Empieza con el papel boca abajo. Dobla el borde inferior por la línea 1. El dibujo muestra cómo encontrar el lugar.

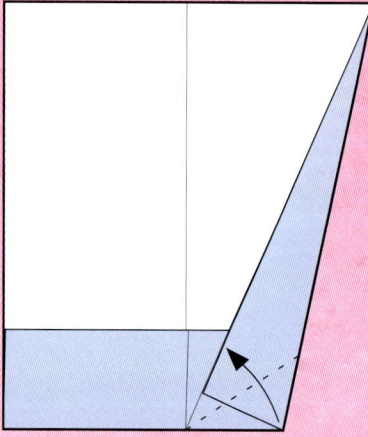

4 Dobla la esquina inferior hacia el pliegue de la línea 4.

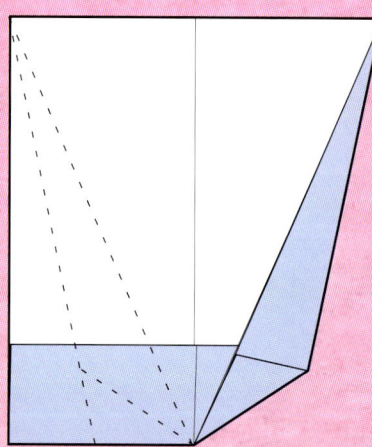

5 Dobla el lado izquierdo de la misma manera, en las líneas 5 a 7.

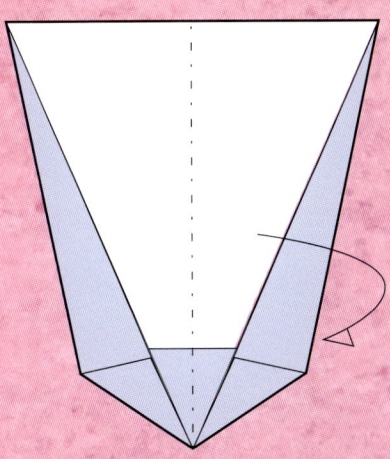

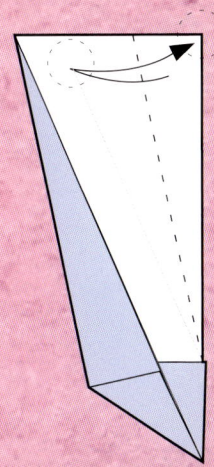

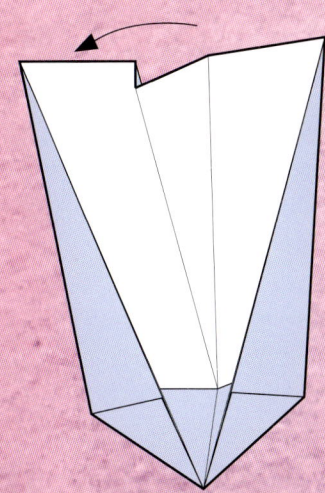

6 Dobla el avión por la mitad, llevando las alas hacia fuera de ti (pliegue montaña).

7 Pliega y despliega la quilla por la línea 8, de modo que los bordes plegados queden paralelos. Abre la línea central.

8 Tira hacia arriba de la esquina de la quilla a la vez que juntas los dos lados del avión. La línea central en el extremo del morro debe ser un pliegue valle.

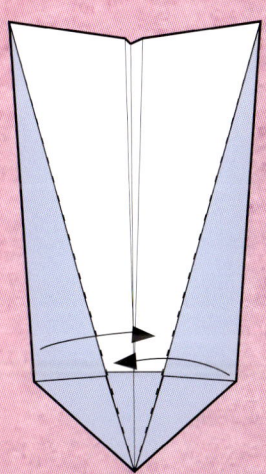

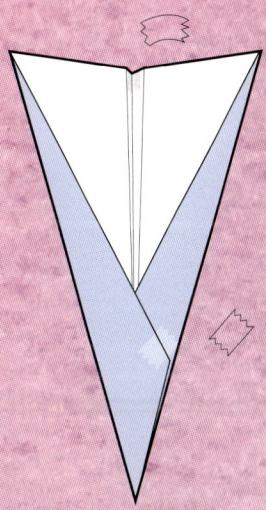

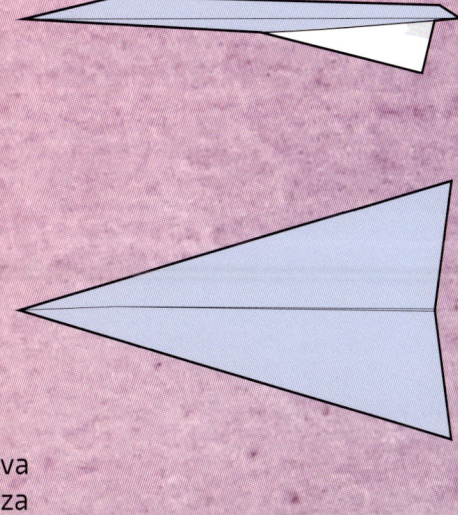

9 Vuelve a doblar los dos lados sobre los pliegues que ya hay.

10 Cierra con cuidado la quilla con cinta adhesiva cerca de la base, y utiliza otro trozo de cinta para sujetar la solapa superior. ¡Y listo!

Lanzadera orbital Zénit

La mayoría de las naves estelares son demasiado grandes y voluminosas para atravesar atmósferas planetarias y aterrizar. Los cazas pueden, pero son demasiado pequeños para poder transportar algo útil. Se construyeron grandes cantidades de lanzaderas Zenith para transportar personal y suministros desde y hacia las bases en los planetas. Pueden volar igual de bien en el aire que en el espacio, aunque la cantidad de combustible que gastan en la lucha contra la gravedad limita su autonomía. Este avión es una versión relativamente sencilla del tipo de avión de papel «lanzadera espacial». Parece tener más fuselaje que alas, pero la forma del fuselaje crea mucha sustentación.

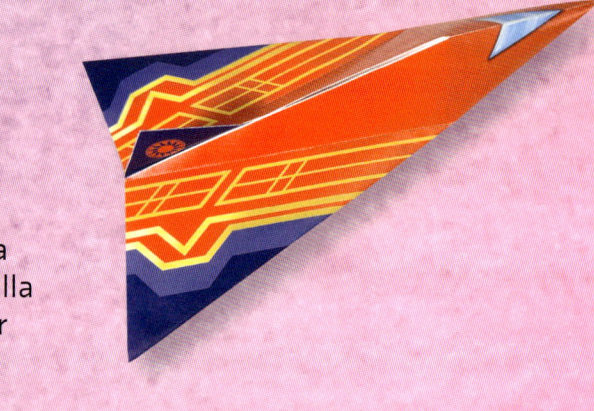

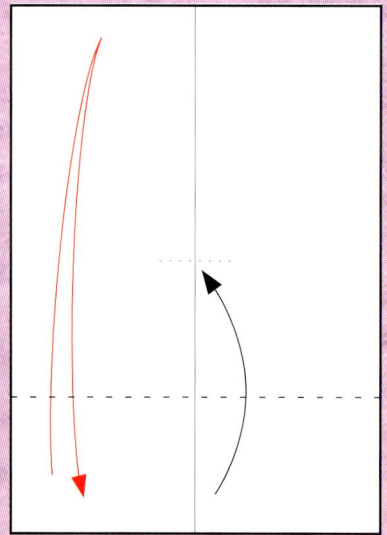

1 Empieza con el papel boca abajo. Dobla el borde inferior hasta la mitad de la hoja por la línea 1.

2 Dobla y desdobla el lado derecho por la línea 2.

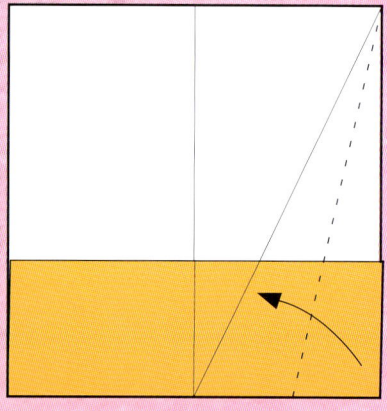

3 Dobla el borde derecho hacia el pliegue por la línea 3.

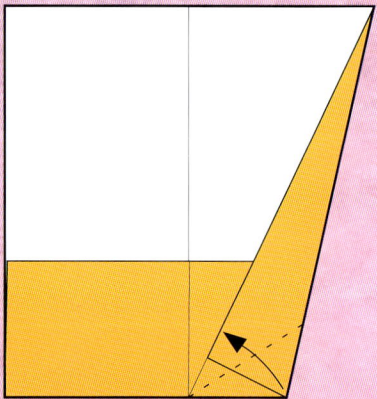

4 Dobla la esquina inferior hacia el pliegue por la línea 4.

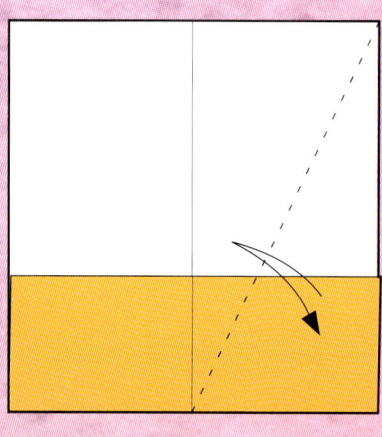

5 Dobla el lado izquierdo de la misma manera, en las líneas 5 a 7. Dale la vuelta al modelo.

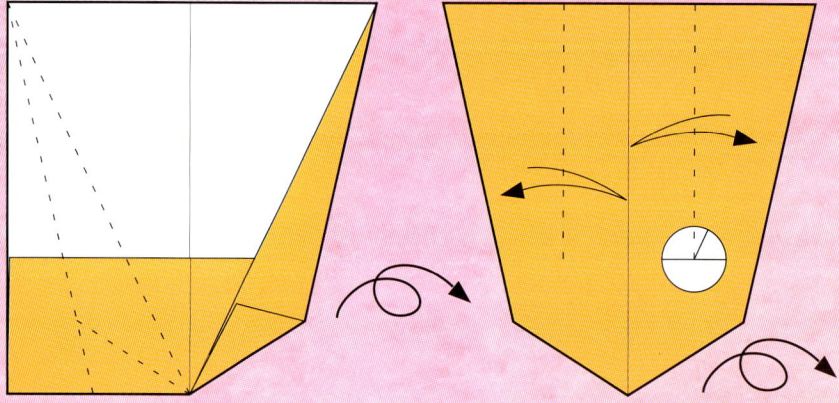

6 Dobla y desdobla las líneas 8, paralelas a la línea central. El círculo «hace un agujero» para mostrar la intersección donde empiezan las líneas. Dale la vuelta al modelo.

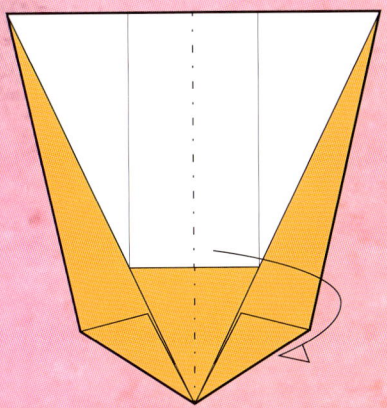

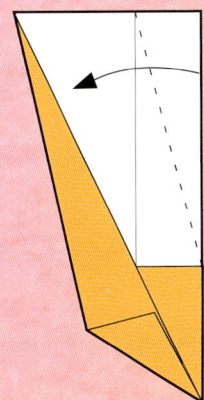

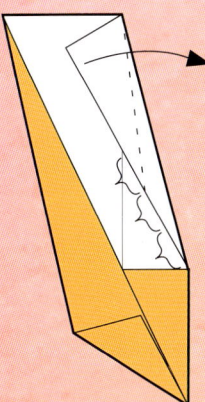

7 Dobla el avión por la mitad, llevando las alas hacia fuera de ti (pliegue montaña).

8 Dobla la quilla en la línea 9.

9 Dobla la punta de la quilla hacia atrás por la línea 10. Despliega la quilla y abre el avión por la línea central.

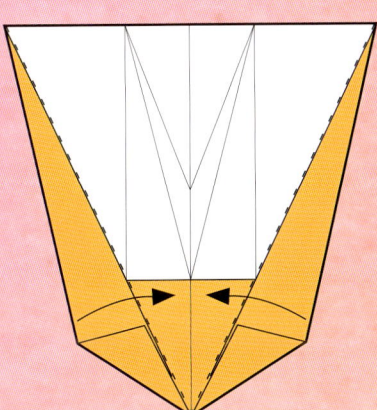

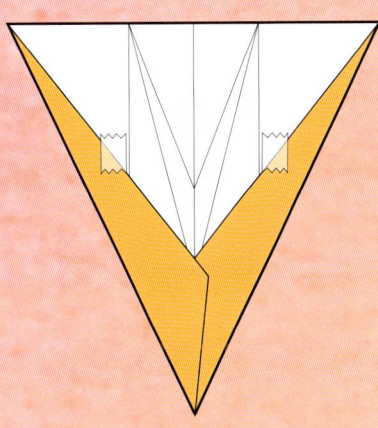

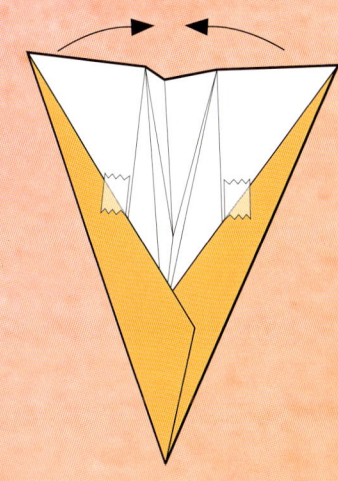

10 Vuelve a doblar los dos lados.

11 Aplica cinta adhesiva en los lados, en los lugares indicados.

12 Empuje los dos lados a la vez. La quilla se eleva hacia ti en la parte delantera y se aleja de ti en la trasera.

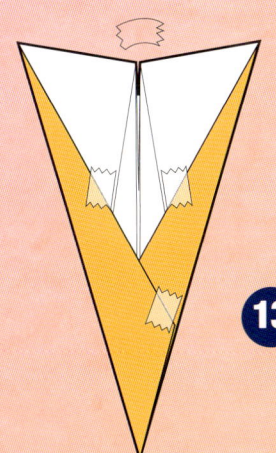

13 Pega la quilla con cinta adhesiva cerca de la base, y sujeta la parte inferior del avión con otro trozo de cinta adhesiva, tal y como se muestra. ¡Y ya está!

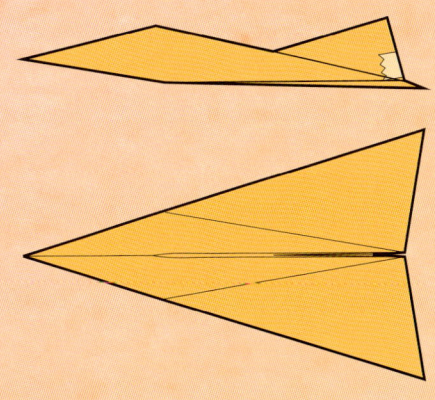

Caza Flecha

Los cazas de la clase Flecha están diseñados para volar con mucha aerodinámica y operar en el interior de las atmósferas, así como para unirse a flotas que luchan en el espacio. Por esa razón, son un poco más grandes que la mayoría de los cazas, pero también son elegantes y fuertes. Todos los pilotos de caza sueñan con ser asignados a un escuadrón de Flechas. Las numerosas capas de papel plegadas a lo largo del borde de ataque de las alas dotan a este avión de una gran rigidez, y también un perfil aerodinámico natural, para un planeo suave y muy recto.

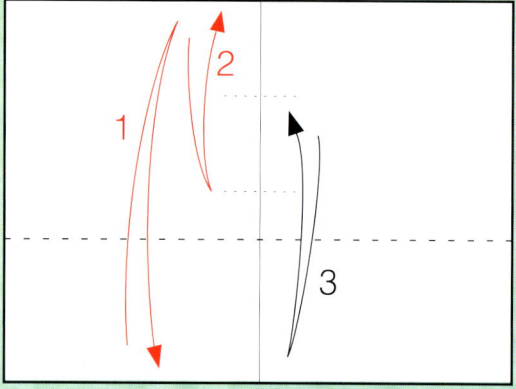

1 Empieza con el papel hacia abajo. Dobla el borde inferior hacia arriba por la línea 1. Las flechas muestran cómo encontrar el lugar. Desdóblalo.

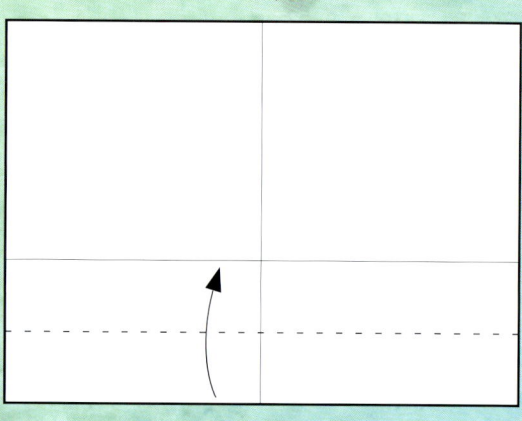

2 Dobla el borde inferior hacia arriba hasta el pliegue de la línea 2.

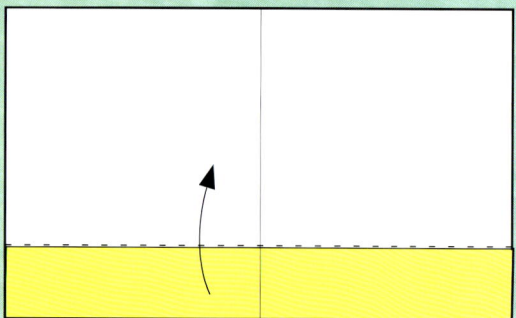

3 Vuelve a doblar por la línea 1.

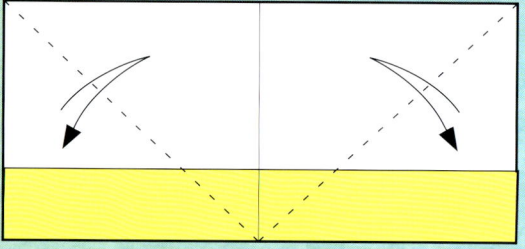

4 Dobla y desdobla las esquinas inferiores por las líneas 3.

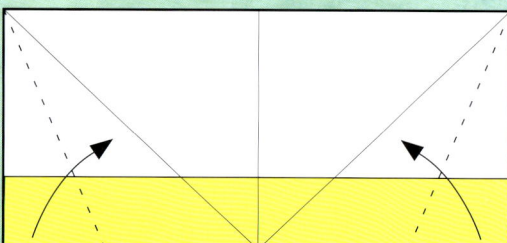

5 Dobla las esquinas por las líneas 4, hacia los pliegues que acabas de hacer.

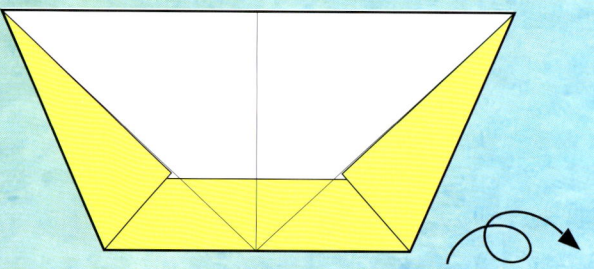

6 Dale la vuelta al modelo.

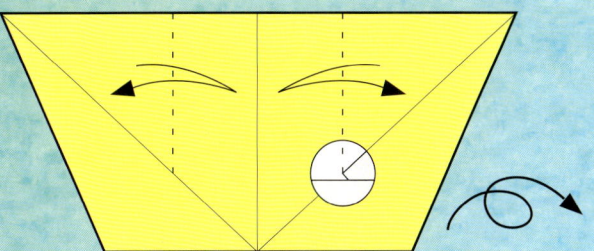

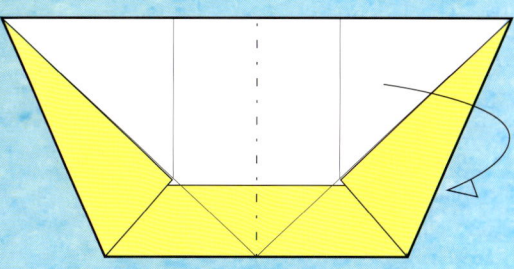

7 Dobla y desdobla las líneas 5, paralelas a la línea central. El círculo «hace un agujero» para mostrar la intersección donde empiezan las líneas. Dale la vuelta al modelo.

8 Dobla el avión por la mitad, llevando las alas hacia fuera de ti (pliegue montaña).

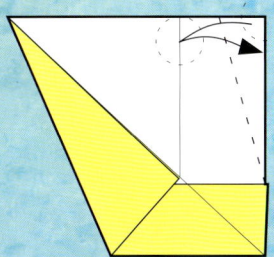

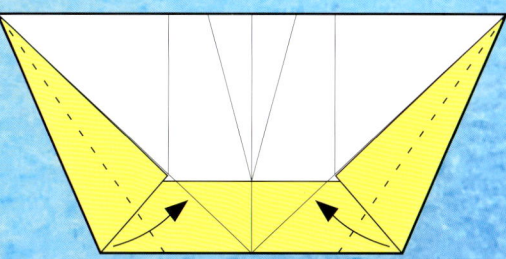

9 Dobla y desdobla la quilla por la línea 6. La esquina debe tocar justo el pliegue. Desdobla de nuevo la línea central.

10 Vuelve a doblar las esquinas inferiores por las líneas 7.

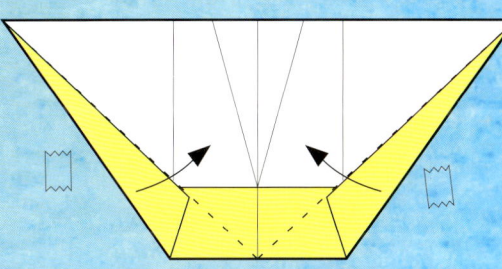

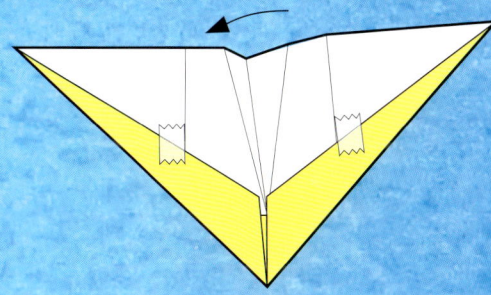

11 Vuelve a doblar por las 3 líneas. Aplica cinta adhesiva a los lados en los lugares indicados en el paso 12.

12 Empuja los dos lados a la vez. La quilla debe elevarse hacia ti.

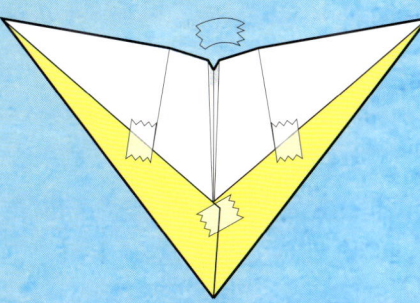

13 Pega la quilla con cinta adhesiva cerca de la base, y sujeta la parte inferior del morro con otro trozo de cinta adhesiva, tal y como se muestra. ¡Y ya está!

Juegos y concursos

Una vez plegados los aviones, te vas a divertir pilotándolos. Pero lanzarlos por la habitación puede resultar aburrido al cabo de un rato. ¿Por qué no te reúnes con tus amigos para jugar con los aviones de papel o compites para ver quién es el mejor piloto de aviones de papel? Aquí tienes algunos juegos geniales e ideas para concursos.

SEGURIDAD

Antes de empezar a lanzar aviones, pensemos en la seguridad. No me cansaré de decirlo. Ten en cuenta que tus aviones son puntiagudos y se lanzan a gran velocidad, y puede que vuelen con otras personas cerca. Asegúrate de mantenerte tan lejos de los demás como para que tu avión no les golpee. Es algo muy importante en un concurso, en el que todo el mundo pondrá a prueba los límites de los aviones. Nunca lances tus modelos contra personas o animales. Mantente alejado de calles concurridas y cables de alta tensión, y no vayas detrás de aviones que hayan aterrizado en lugares peligrosos. No merece la pena. ¡Siempre puedes hacer otro!

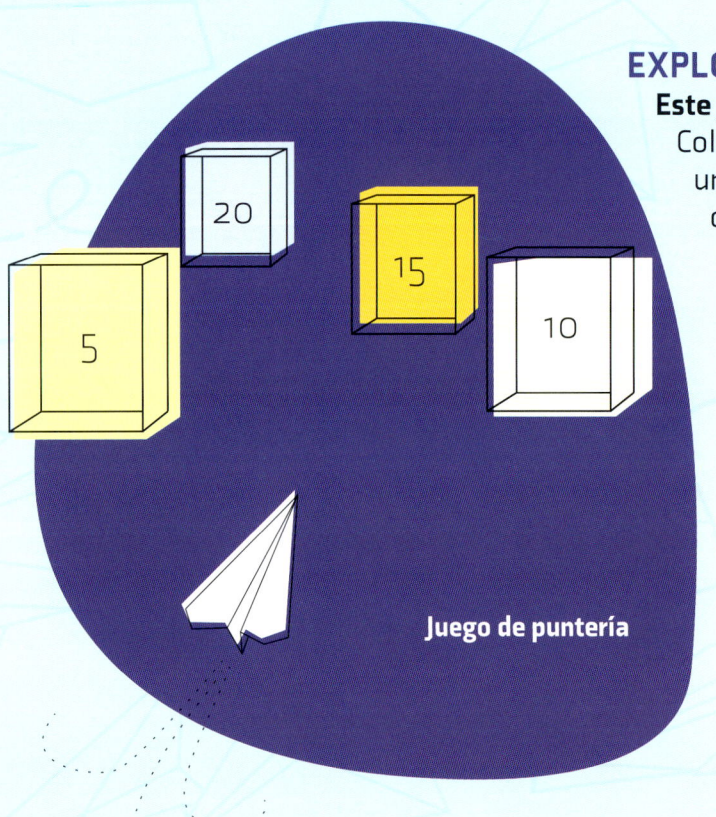

Juego de puntería

EXPLORACIÓN ESPACIAL

Este juego se parece un poco a los de puntería. Coloca varios planetas y asteroides (que serán unas cajas abiertas) de diferentes tamaños o a diferentes distancias. Las cajas más pequeñas o lejanas dan más puntos. Los jugadores se colocan detrás de una línea e intentan que sus aviones entren en las cajas. Los aviones que entren recibirán puntos y ganará el que más consiga. Si quieres hacerlo aún más difícil, gira las cajas para que la parte abierta quede hacia arriba. ¿Tienes aros de hula-hula? También puedes colocarlos. ¿Y aros de fuego? Es broma, ¡nada de aros de fuego!

AGUJERO DE GUSANO

Toma esos aros de hula-hula, o unos trozos de cartón con agujeros, y colócalos en un circuito por tu parque o jardín. O en un pabellón, si tienes acceso a uno. La idea es, desde una línea de salida, hacer volar tus aviones a través de cada uno de los agujeros, por turnos, y comenzar cada nuevo vuelo donde terminó el anterior. ¿A qué velocidad puedes recorrer la galaxia? ¿Y si compites con tus amigos?

Juego del agujero
de gusano

Juego de golf

GOLF

Coloca varias dianas en el suelo o en la hierba e intenta que tu avión aterrice en ellas. Prueba y prueba hasta que aterrice en la marca, y suma un punto por cada intento. Gana quien dé la vuelta al campo con la puntuación más baja. Si eres muy aventurero, puedes intentarlo en un campo de golf de verdad (¡pero solo si tienes permiso!).

CURLING

Para jugar al curling, es necesario un suelo que resbale, como el de un gimnasio. En su superficie, señala unos círculos con cinta adhesiva. Los jugadores forman dos equipos y se turnan para lanzar sus aviones desde detrás de una línea (a unos cinco o diez metros de la marca), intentando aterrizar en el centro de la diana. Si ya hay un avión rival, ¡cae sin piedad sobre él! Se puede jugar por puntos o que el avión más cercano al centro sea el ganador.

Juego de curling

FÚTBOL-AVIÓN

Se trata de fútbol de toque, pero con un avión en lugar de un balón. Recomiendo parar el juego cuando se atrapa el avión, en lugar de correr con él, pero puedes afinar las reglas según tu gusto. El destructor Quark resulta perfecto para este juego, pero algunos de los otros (crucero estelar Martillo, nave de mando Esquirla) serían geniales para juegos de interior y de recintos pequeños. Eso sí, ¡no os hagáis daño! Sería difícil explicárselo al médico...

CONCURSOS DE TIEMPO Y DISTANCIA

La mayoría de los concursos de aviones de papel miden el tiempo o la distancia. También puedes jugar con acrobacias, pero claro, son difíciles de juzgar. La distancia se mide en línea recta desde el lugar de lanzamiento hasta el punto en que el avión toca por primera vez el suelo o una pared. El reto está en conseguir que el avión vuele recto. Las competiciones de distancia son divertidas bajo techo, pero fuera se van complicando a medida que los pilotos adquieren destreza. Una vez que se sobrepasa una cinta de 50 metros, medir se convierte en una tarea pesada. Es mucho más fácil utilizar un cronómetro. Pon en marcha el reloj en el momento en que el avión despegue y páralo cuando el avión toque el suelo, choque contra un obstáculo y se detenga o desaparezca de la vista. Toma el tiempo total de varios vuelos para elegir un ganador.

CONCURSO DE LANZAMIENTO

He aquí una idea sencilla para que el azar no pese tanto en el concurso. Se trata del lanzamiento masivo, en el que todo el mundo lanza su avión a la misma hora y en el mismo lugar, y el último en tocar el suelo gana. Funciona bien porque todos comparten el mismo viento y el mismo espacio, pero a los jueces les puede resultar difícil controlar un gran número de aviones a la vez. Es un buen complemento para un taller o una clase escolar: todos los participantes construyen el mismo modelo y compiten en los adornos del avión y en habilidades de vuelo.

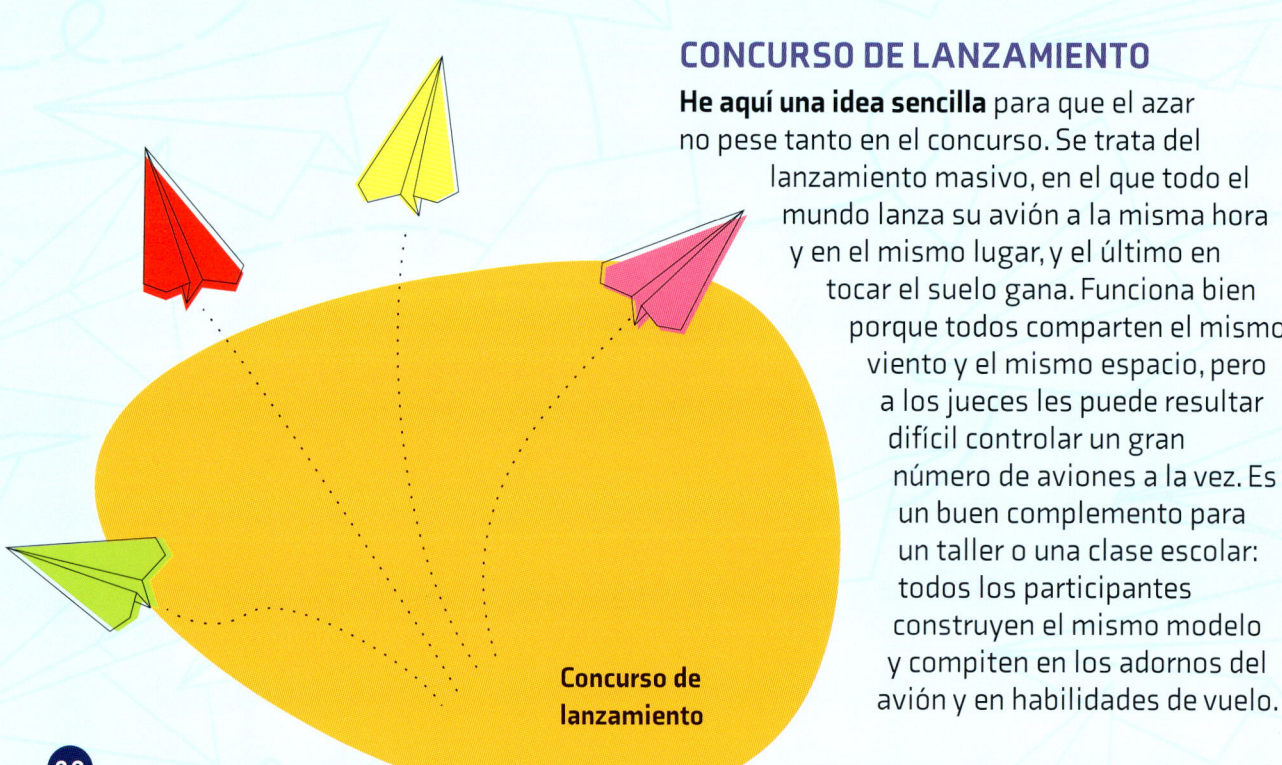

Concurso de lanzamiento

Organizar un concurso

No intentes todo a la vez. Haz tu primer concurso con amigos, o como parte de un evento escolar o de los scouts. No te plantees un grupo más grande hasta que tengas algo de experiencia. Prueba varias ideas diferentes para ver lo que va mejor contigo y tus amigos. No olvides que debes tener en cuenta lo siguiente:

Un lugar como un gimnasio, un parque o el patio de un colegio, y permiso para utilizarlo.

Un día, una hora y un anuncio.

Reglas.

Seguridad.

Jueces y cronómetros.

Buen tiempo, si es fuera, y un plan para qué hacer si llueve.

Algo para los ganadores: premios o derecho a presumir.

Contratar un seguro, por si acaso.

Para hacerlo un poco más fácil, aquí tienes un par de hojas de puntuación con las que empezar. Ambas tienen dos clases. Una se utiliza para tiempo o distancia, y la otra para un concurso utilizando un avión estándar (en este caso, un carguero Stargo), o cualquier otro avión que el piloto quiera (concurso libre). Pero, por supuesto, siéntete libre de cambiar las hojas para adaptarlas a tus propias reglas.

Concurso de lanzamiento
Nombre del piloto _____
Tipo: ☐ Tiempo ☐ Distancia
Marcador:
1 _____ segundos/metros
2 _____ segundos/metros
3 _____ segundos/metros
4 _____ segundos/metros
5 _____ segundos/metros
Total_____ segundos/metros

Concurso de habilidad
Nombre del piloto _____
Tipo: ☐ Libre ☐ Cometa
Marcador:
1 _____ segundos/metros
2 _____ segundos/metros
3 _____ segundos/metros
4 _____ segundos/metros
5 _____ segundos/metros
Total_____ segundos/metros

150 personas participaron en este concurso de aviones de papel en Miyakojima, Okinawa. Fíjate bien y podrás ver los aviones por el techo. El tiempo ganador fue de ¡14 segundos!

Base lunar

Ahora que posees toda una flota de naves espaciales... querrás un puerto espacial. Pues aquí lo tienes. Hay sitio para aparcar naves estelares, una instalación de radar, una torre de control y, por supuesto, la pista de aterrizaje. Necesitarás un poco de habilidad para aterrizar en ella, pero seguro que lo harás genial. Hazte con una cartulina muy grande o pega con cinta adhesiva cuatro de ellas y dibuja este o cualquier otro modelo de base que puedas imaginar, y juega a despegar y aterrizar. ¡Así pasaba yo muchas tardes de mi infancia!

¿Puedes hacer que tus naves aterricen desde el otro lado de la habitación? Hay que tener buen ojo y cierta habilidad para colocar el avión en el punto justo de la pista... ¡pero todo es cuestión de práctica!

O, si quieres despegar y aterrizar una y otra vez, pega un hilo al ala (justo donde se equilibra el avión) y da vueltas. Si lo practicas, también podrás hacer aterrizajes suaves y armoniosos sin problemas. Ten cuidado de no marearte y estrellarte...

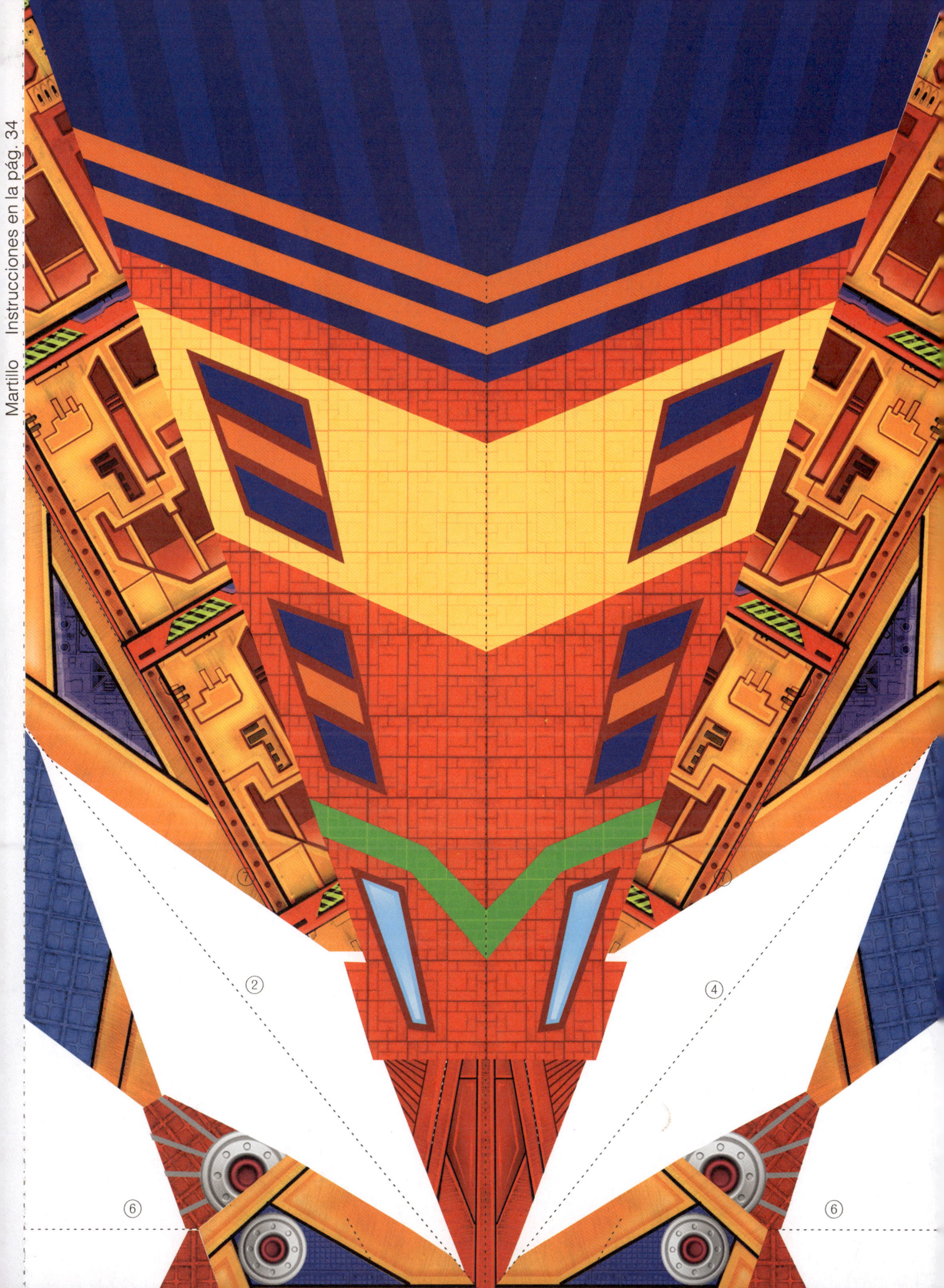

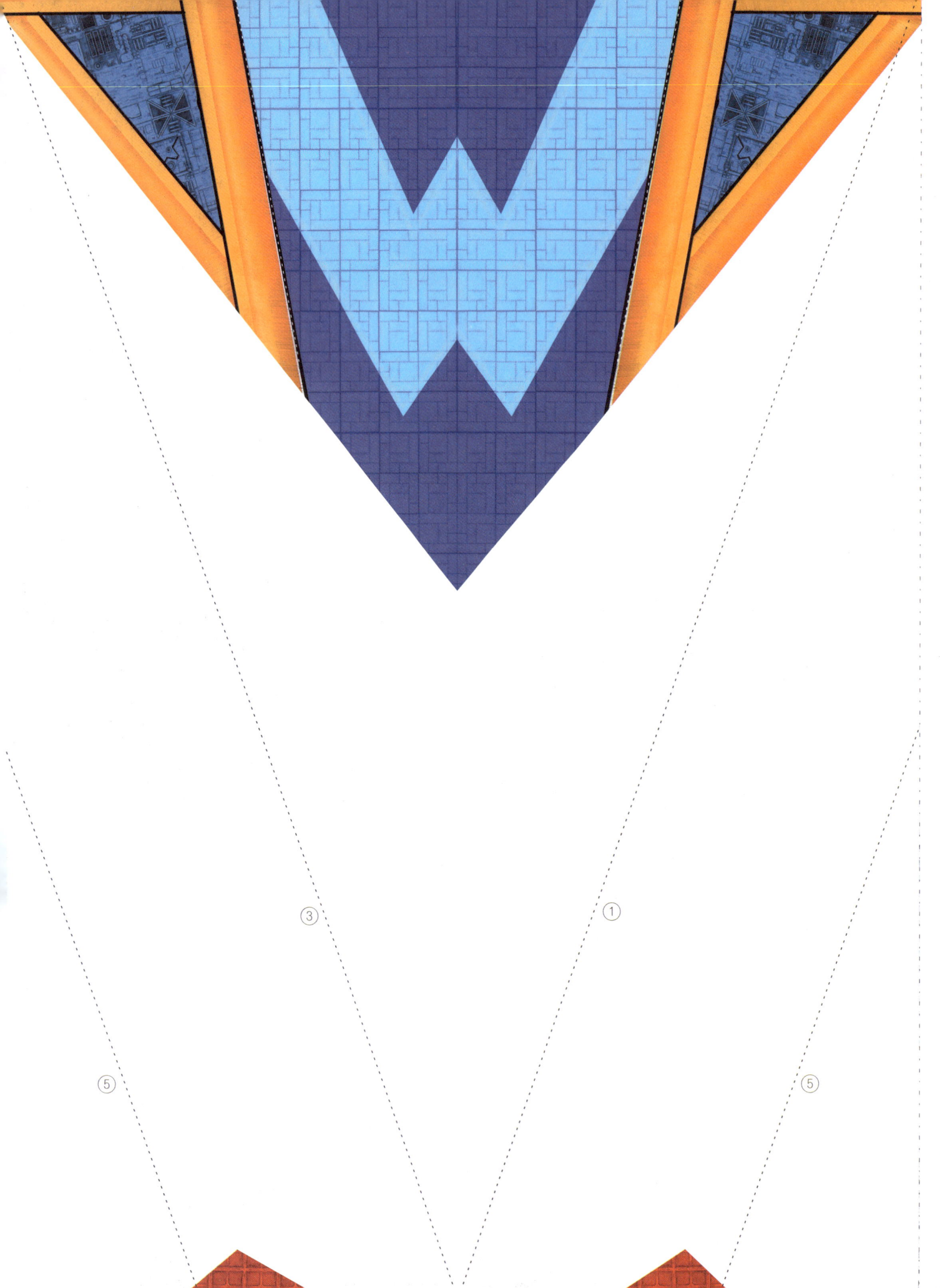

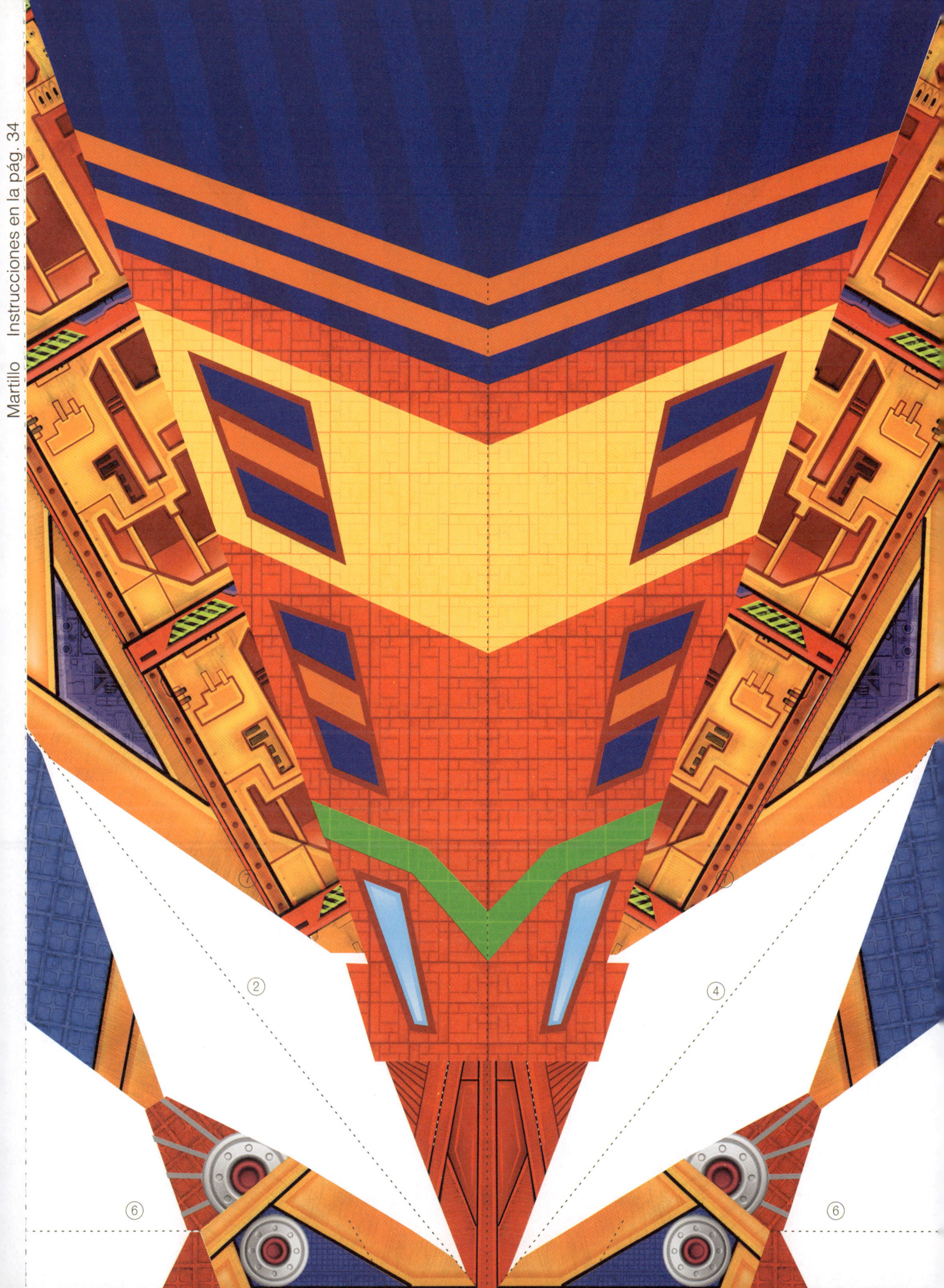

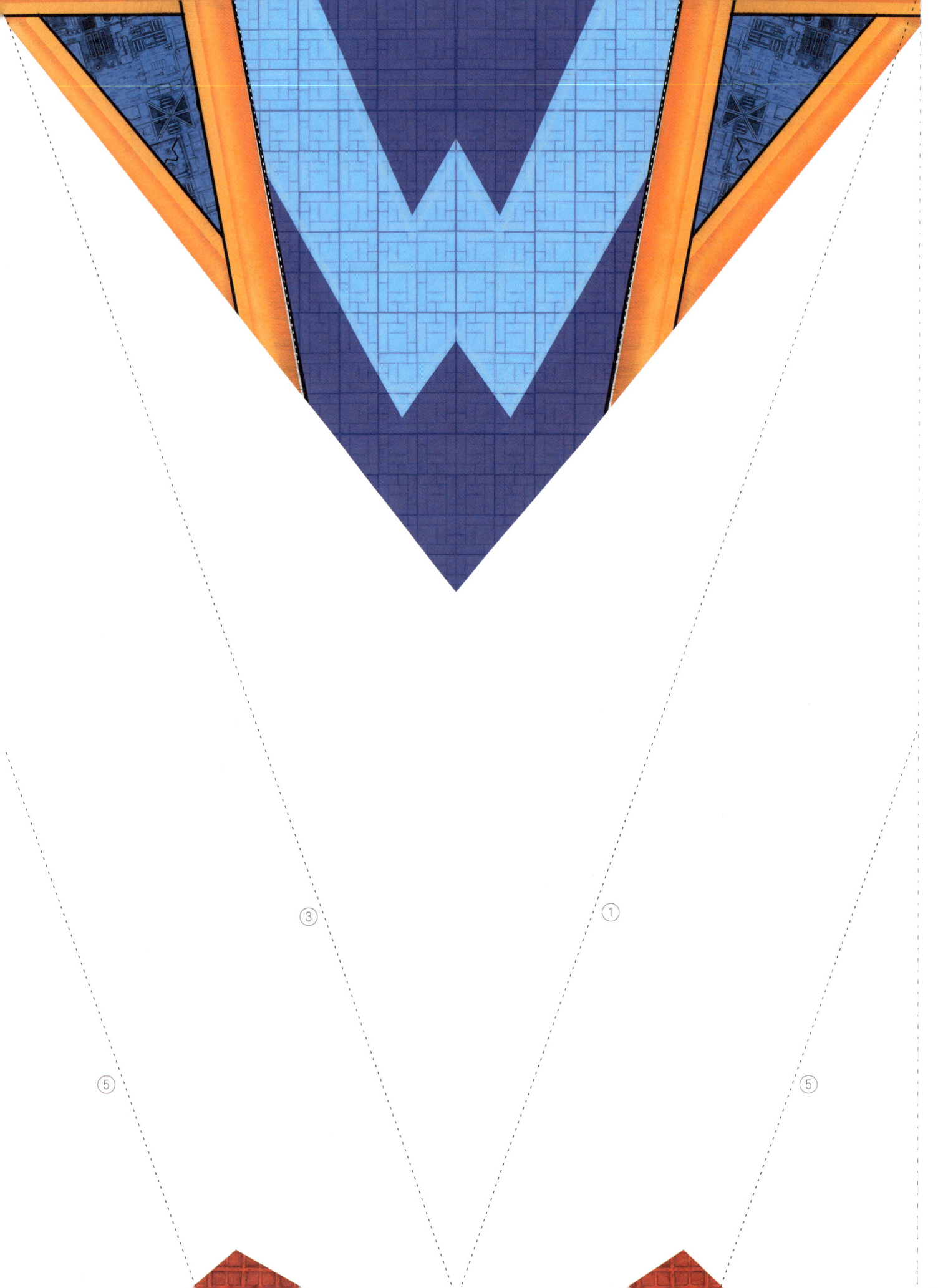

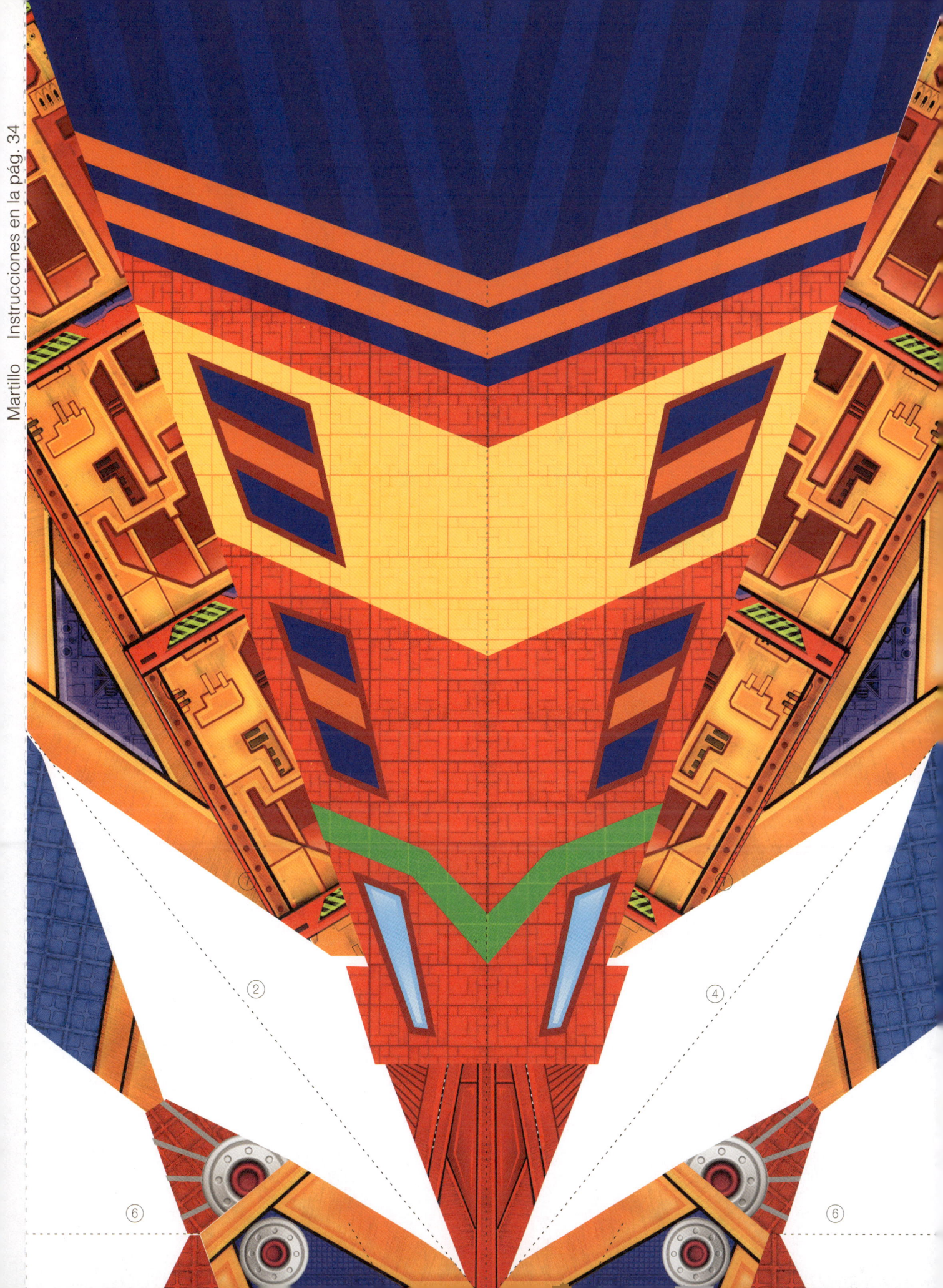

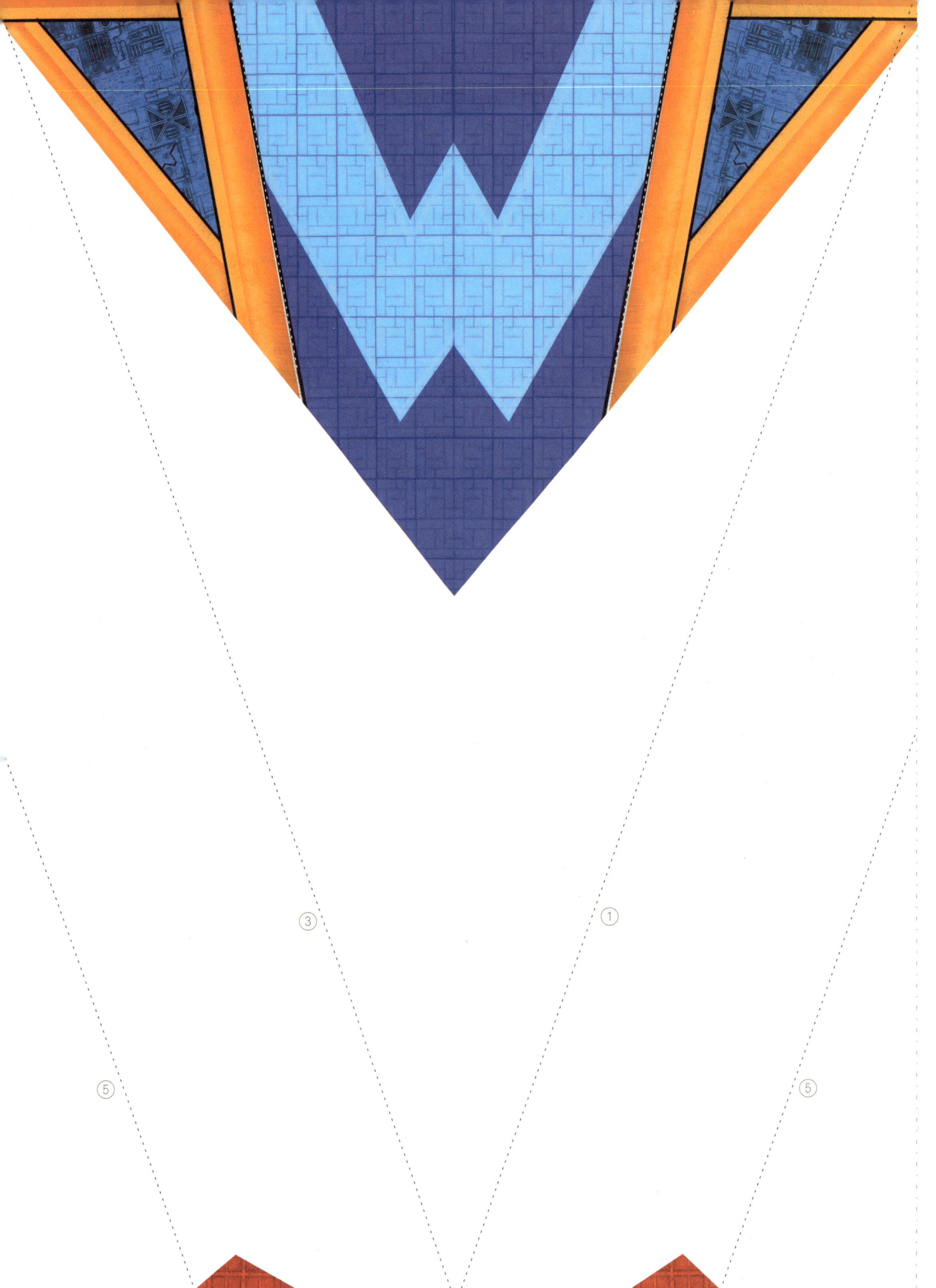

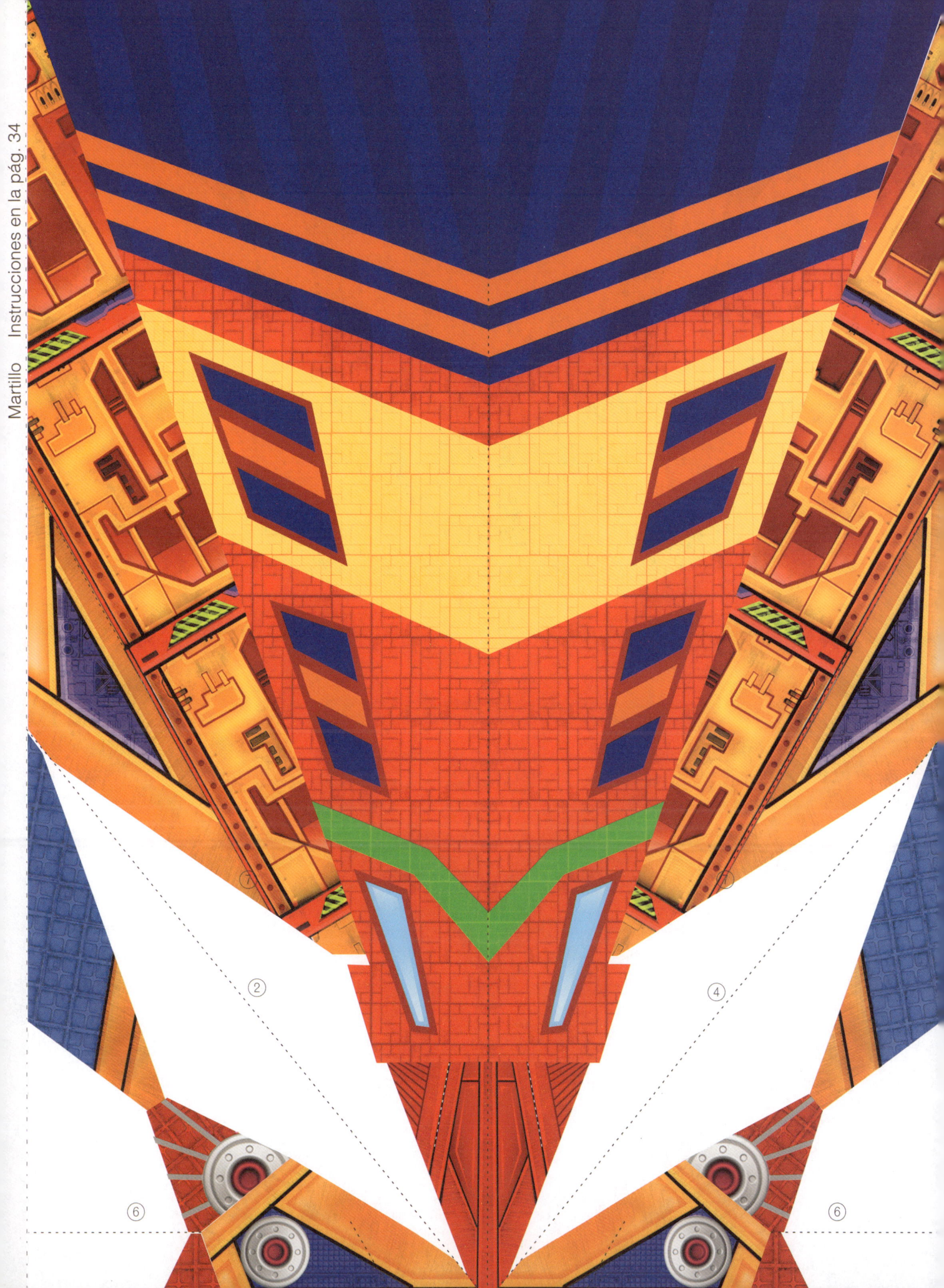

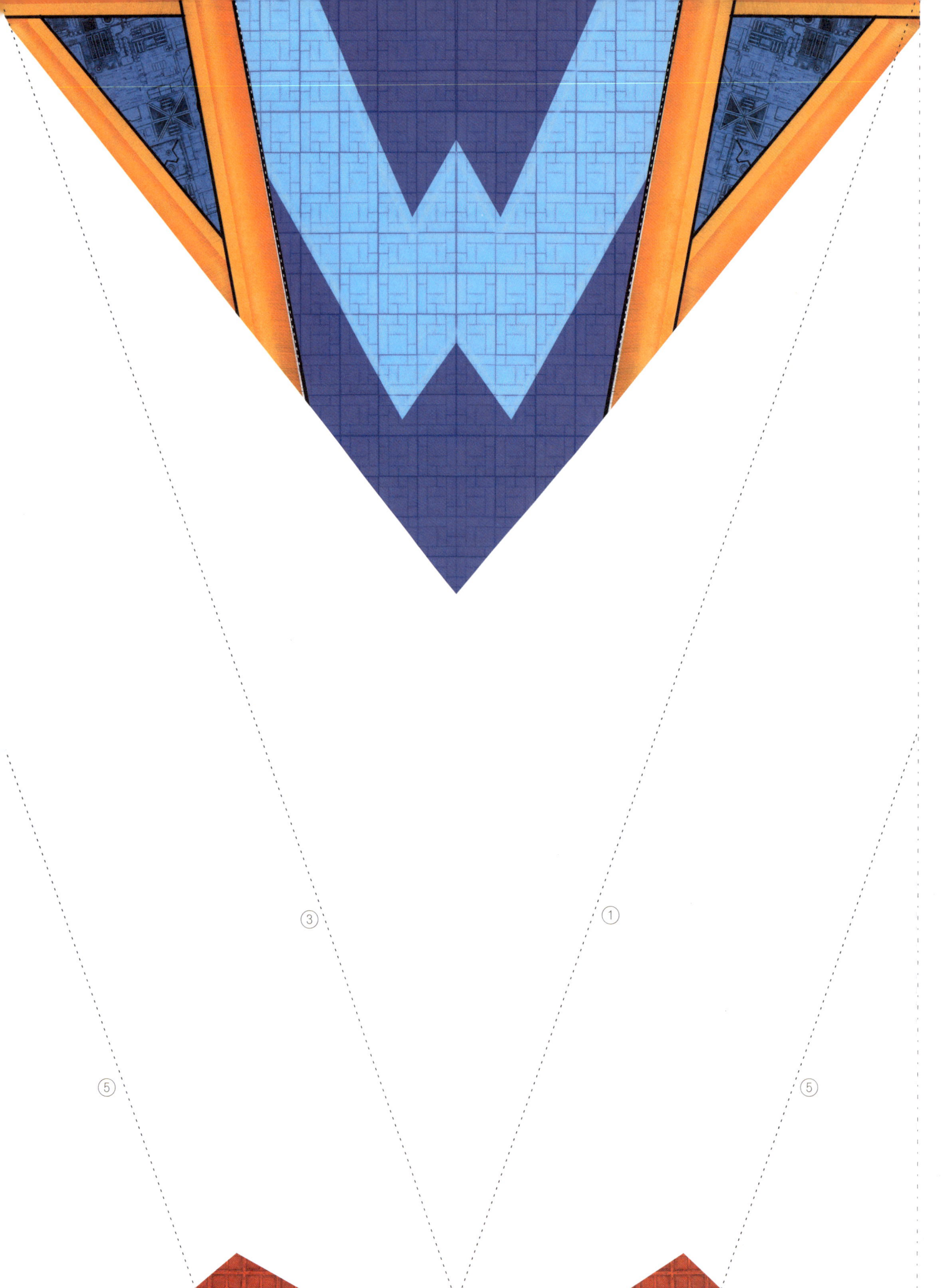

③   ①

⑤   ⑤

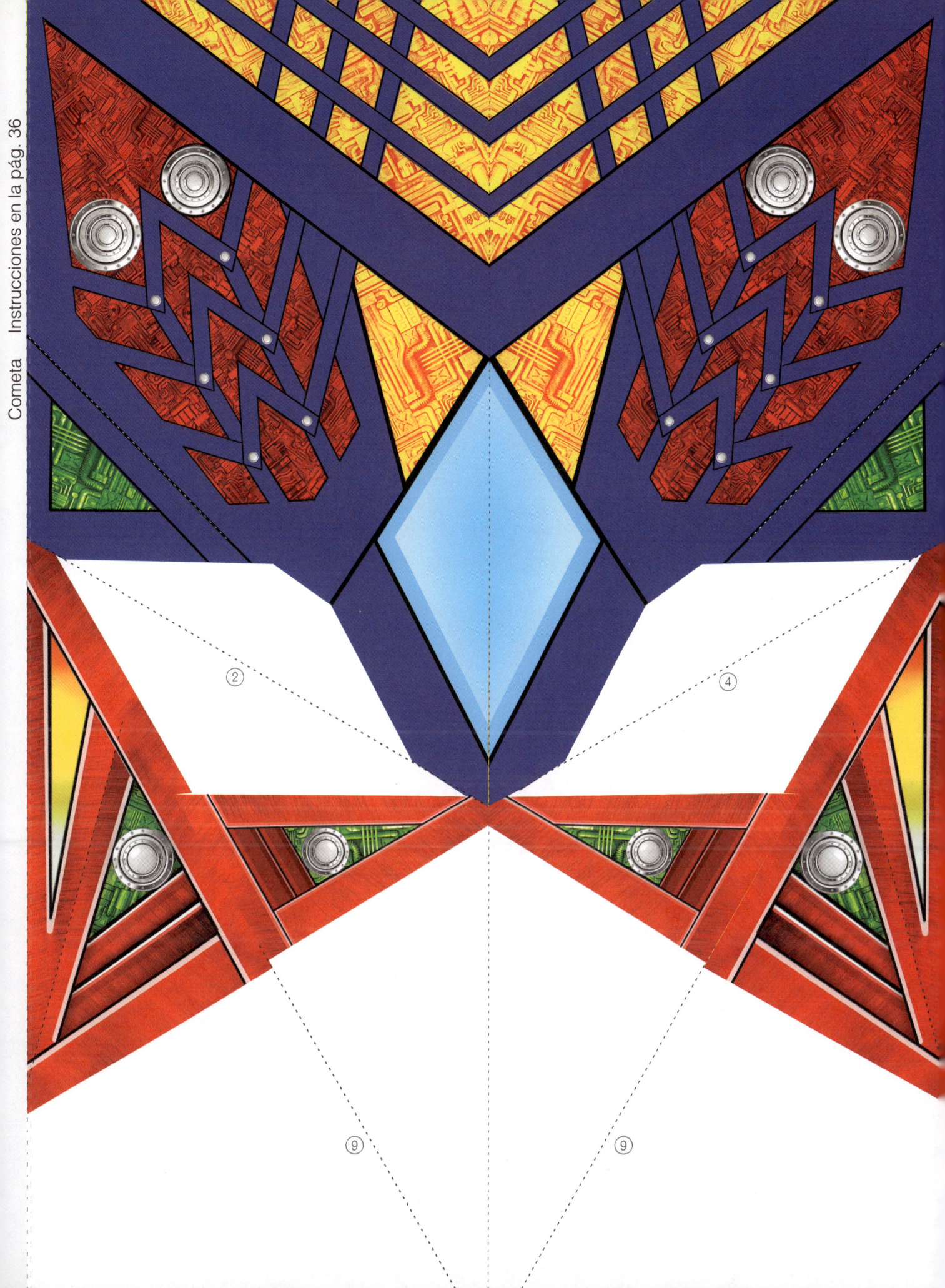

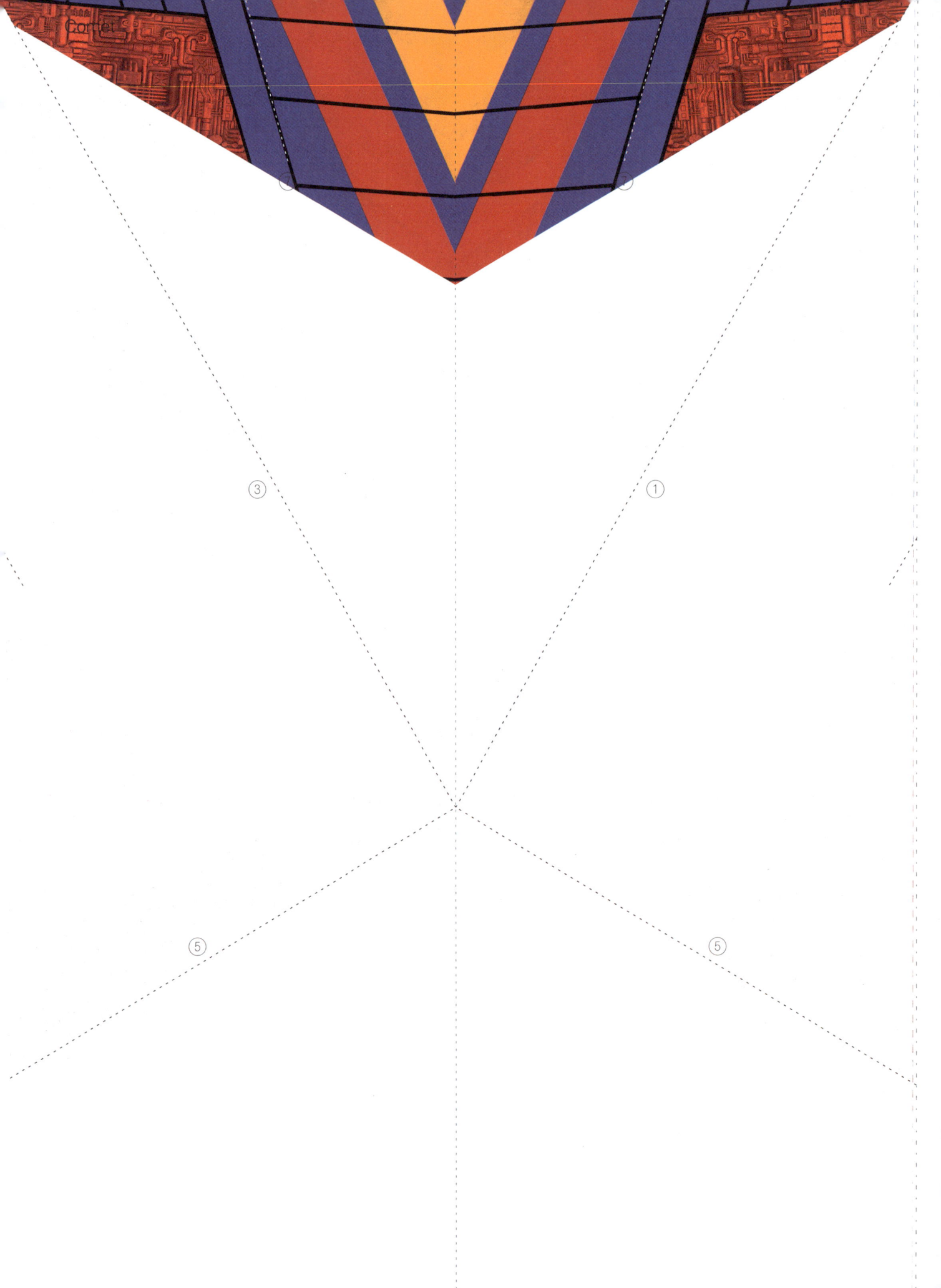

②

④

⑨

⑨

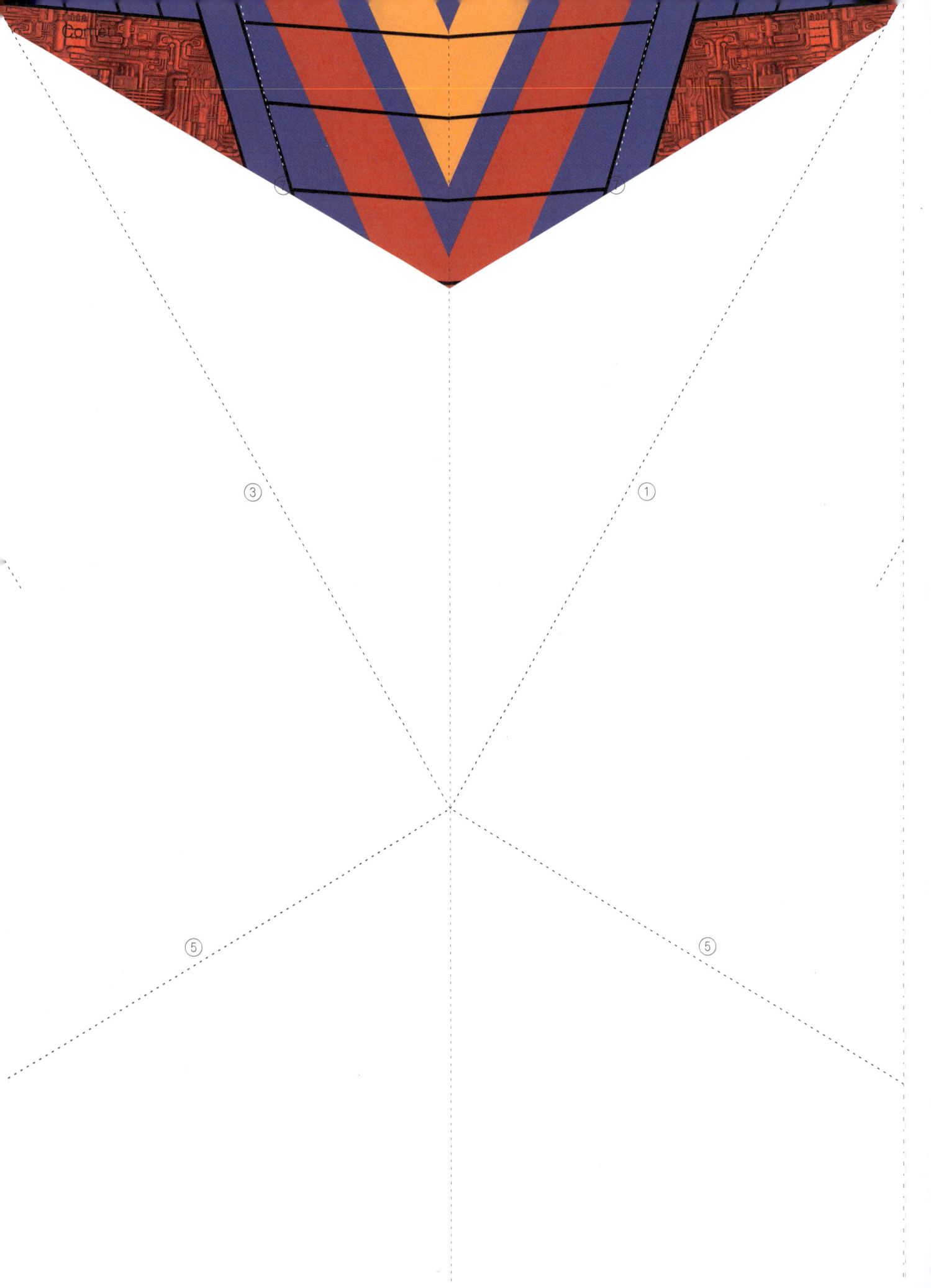

②

④

⑨

⑨

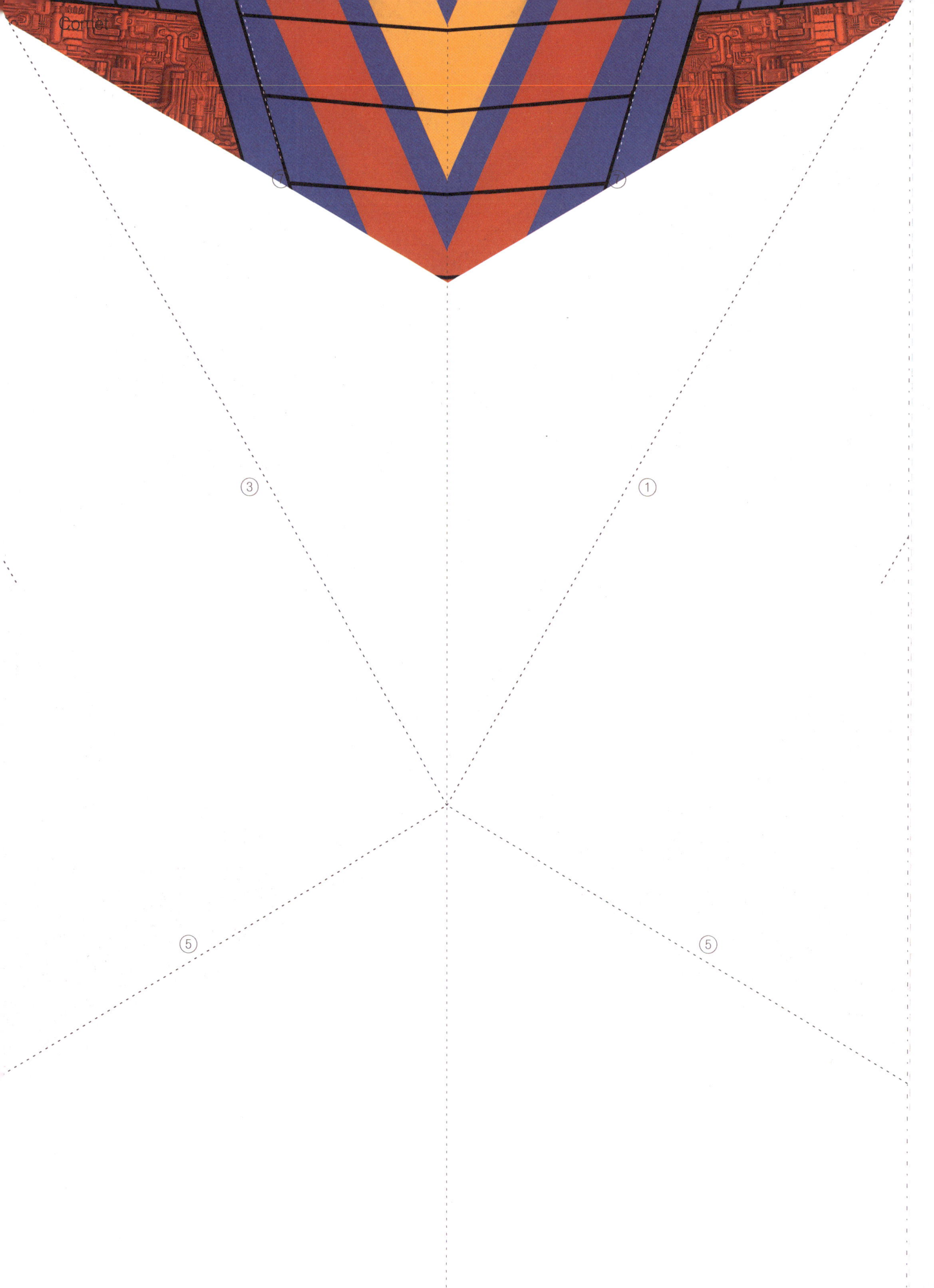

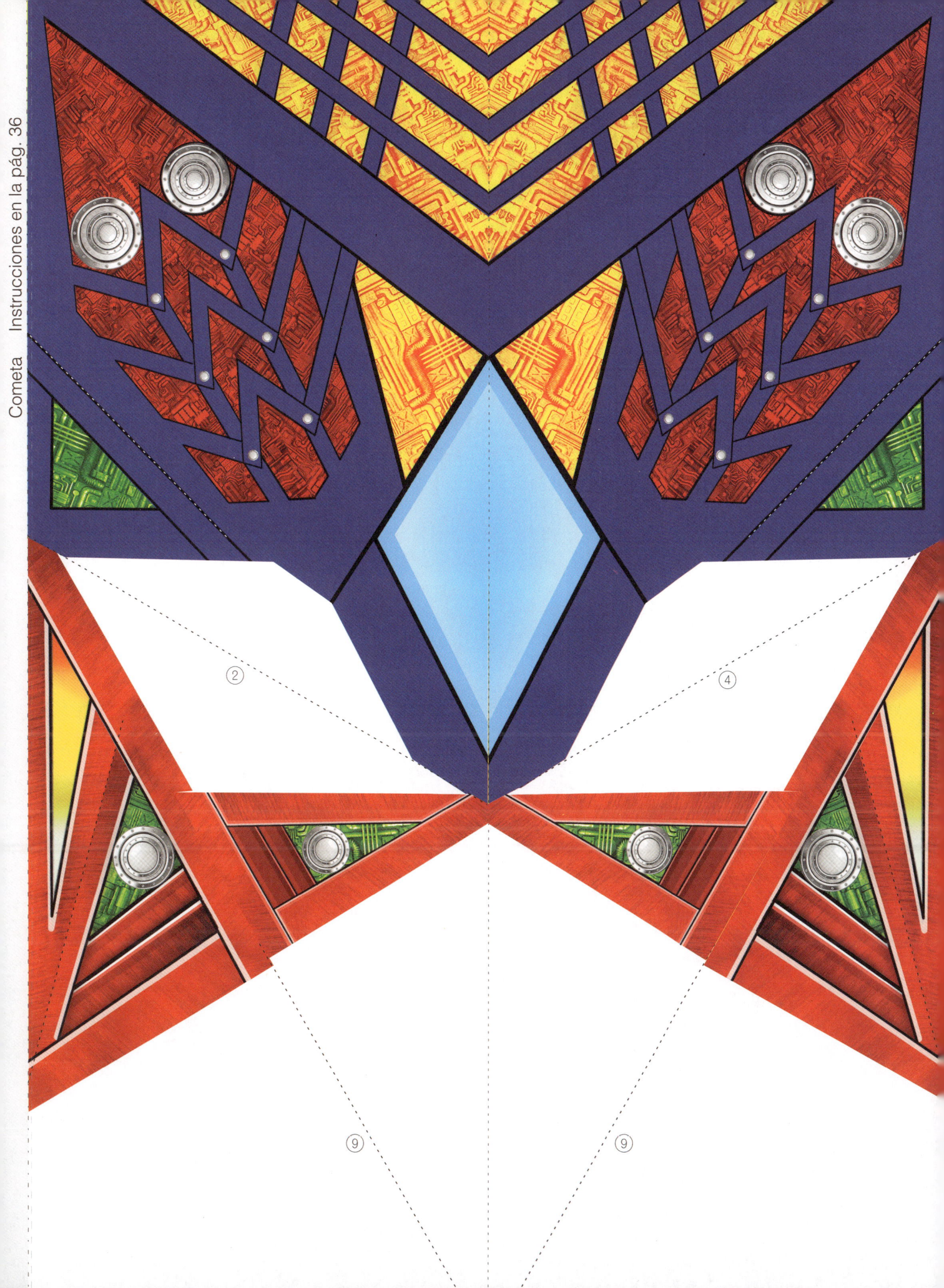

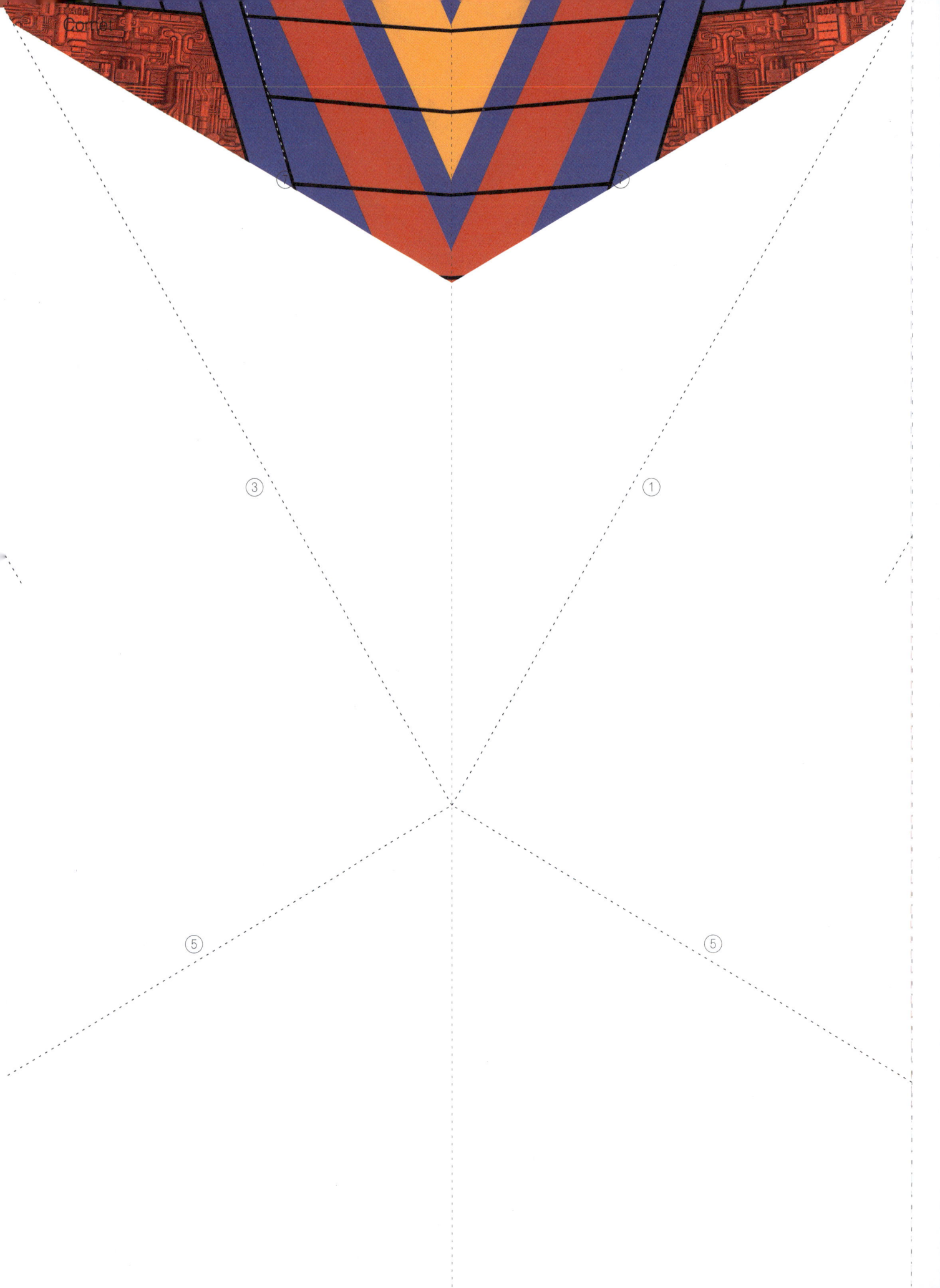

Corta

③

⑤ ⑤

⑥ ⑥

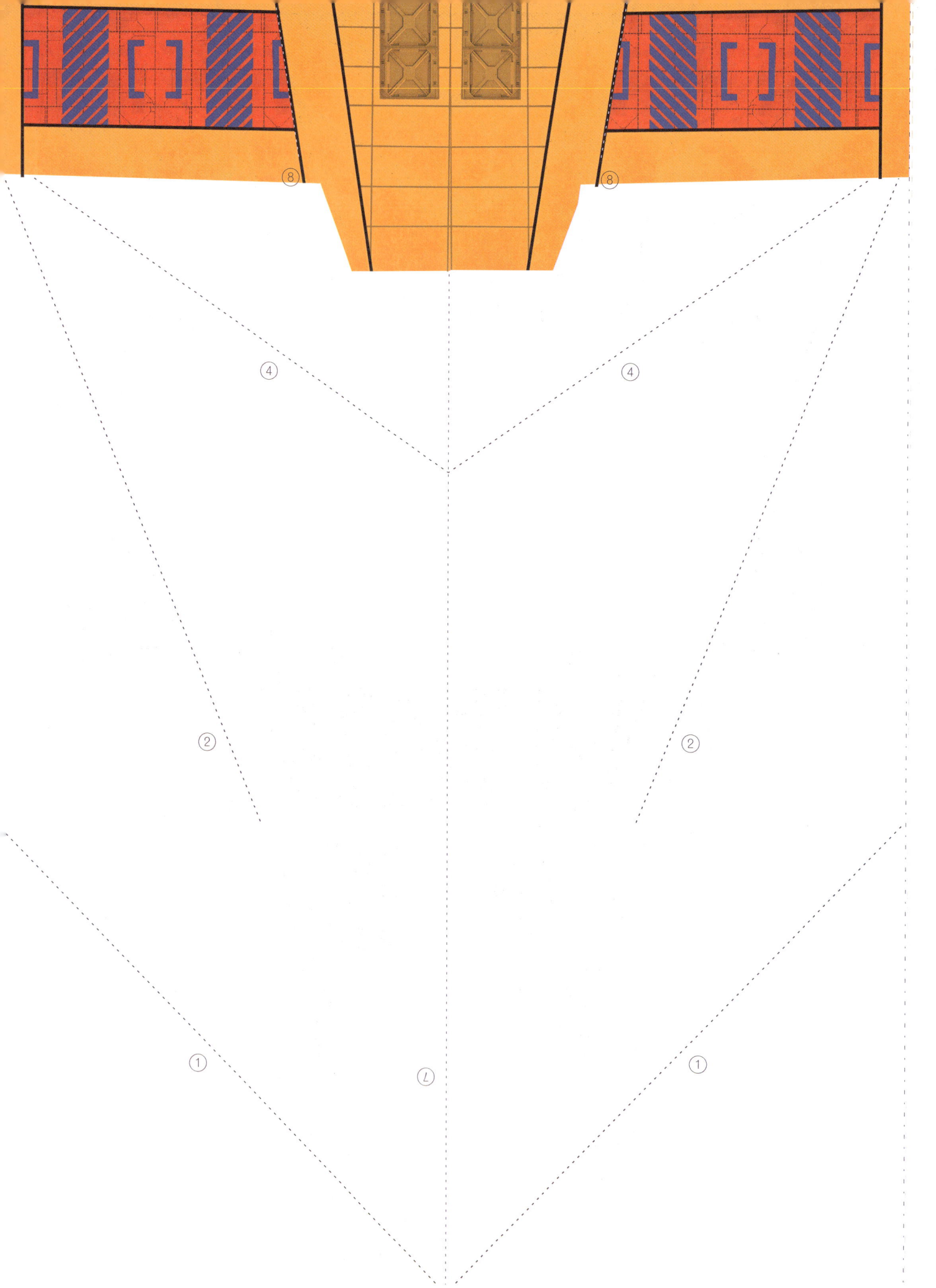

③

⑤

⑤

⑥

⑥

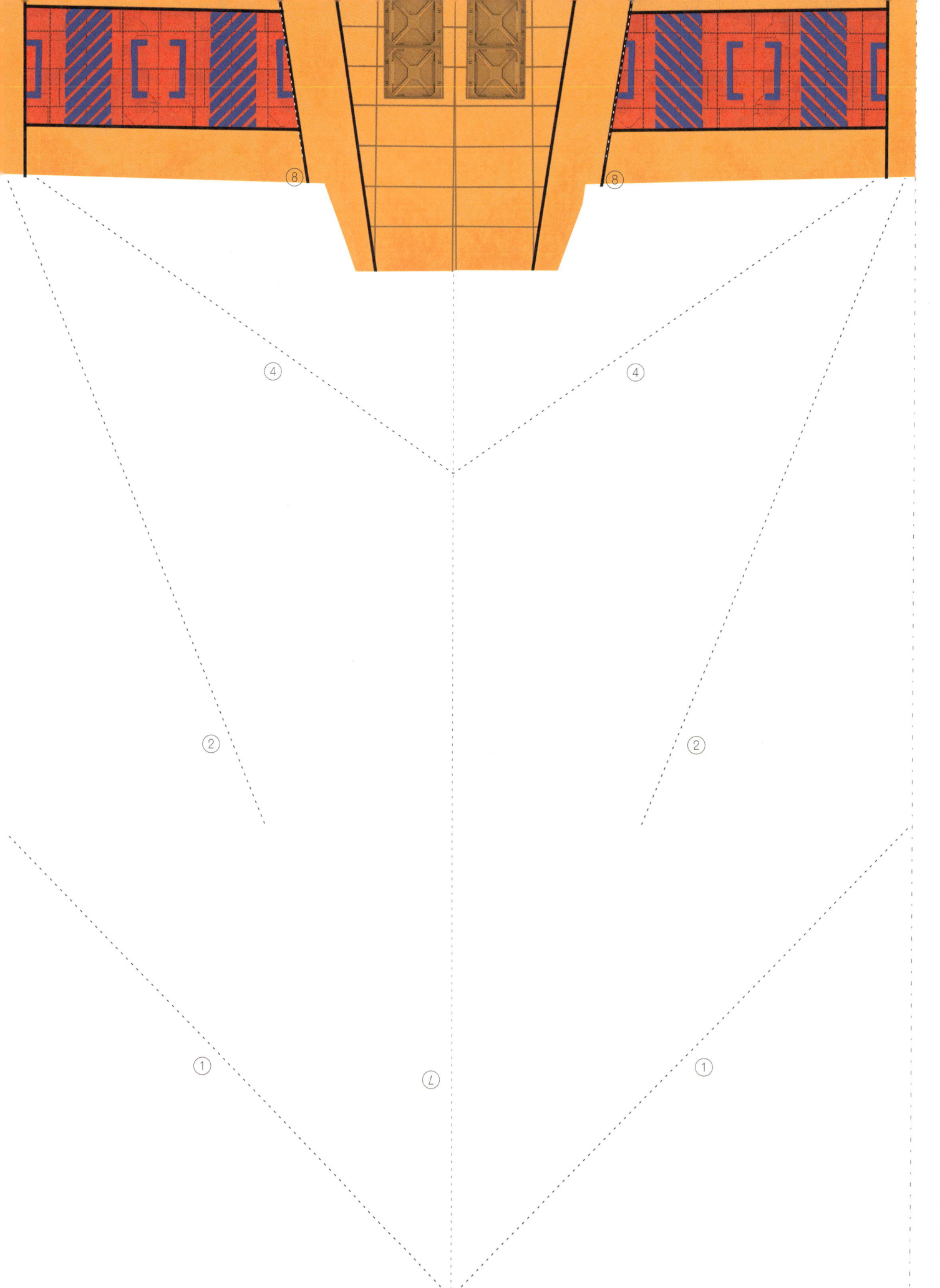

③

⑨

⑨

⑥

⑥

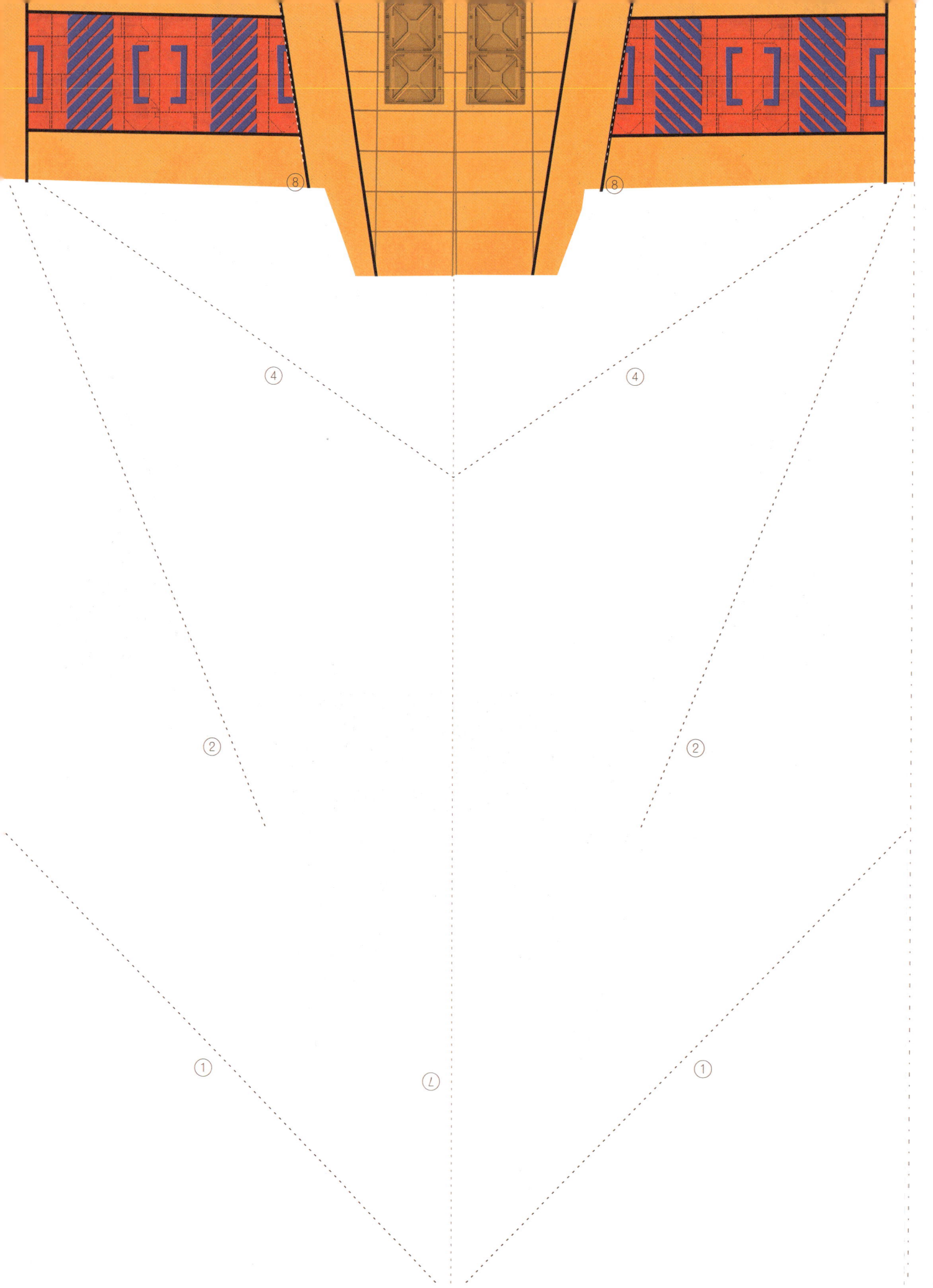

Quark Instrucciones en la pág. 38

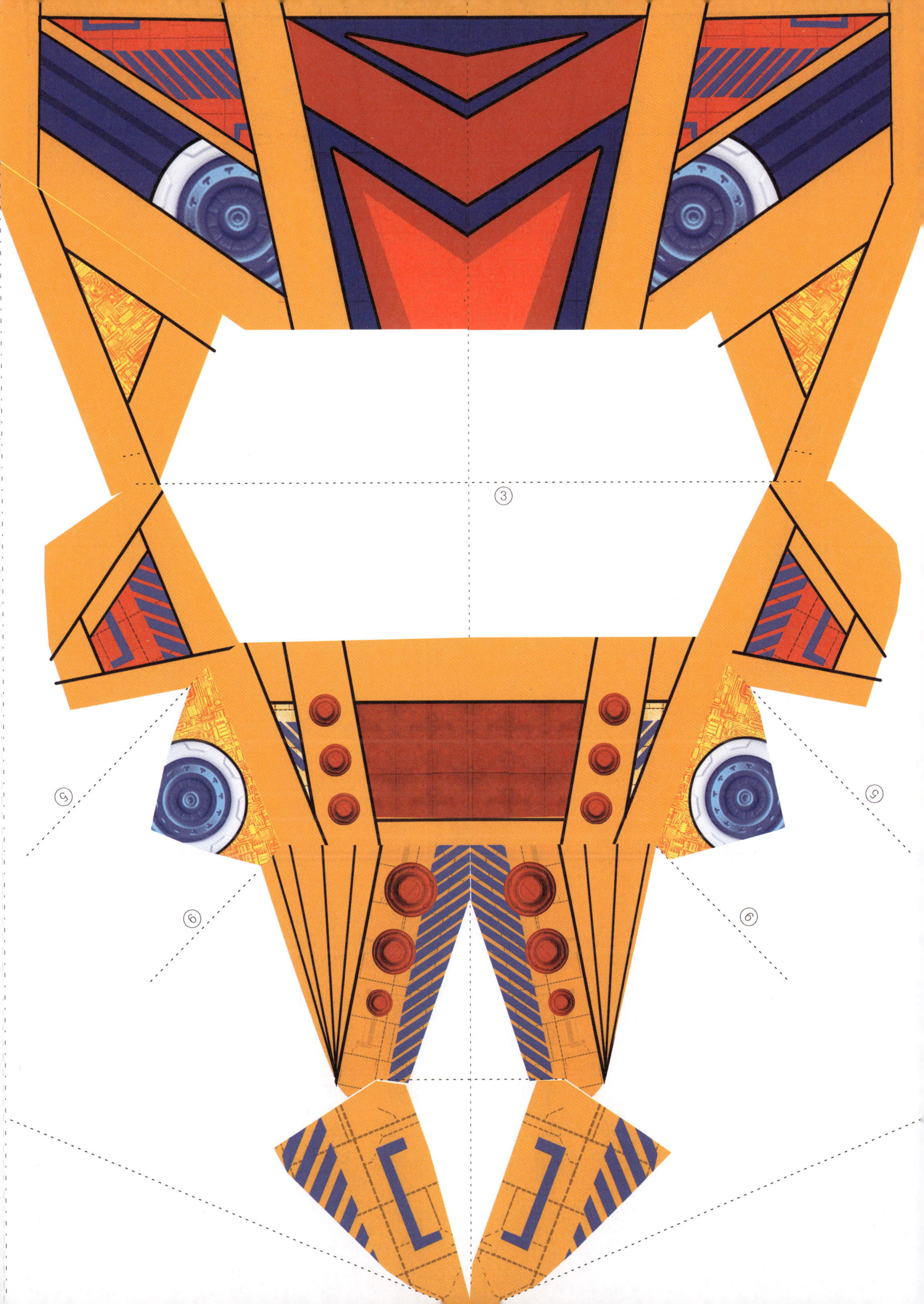

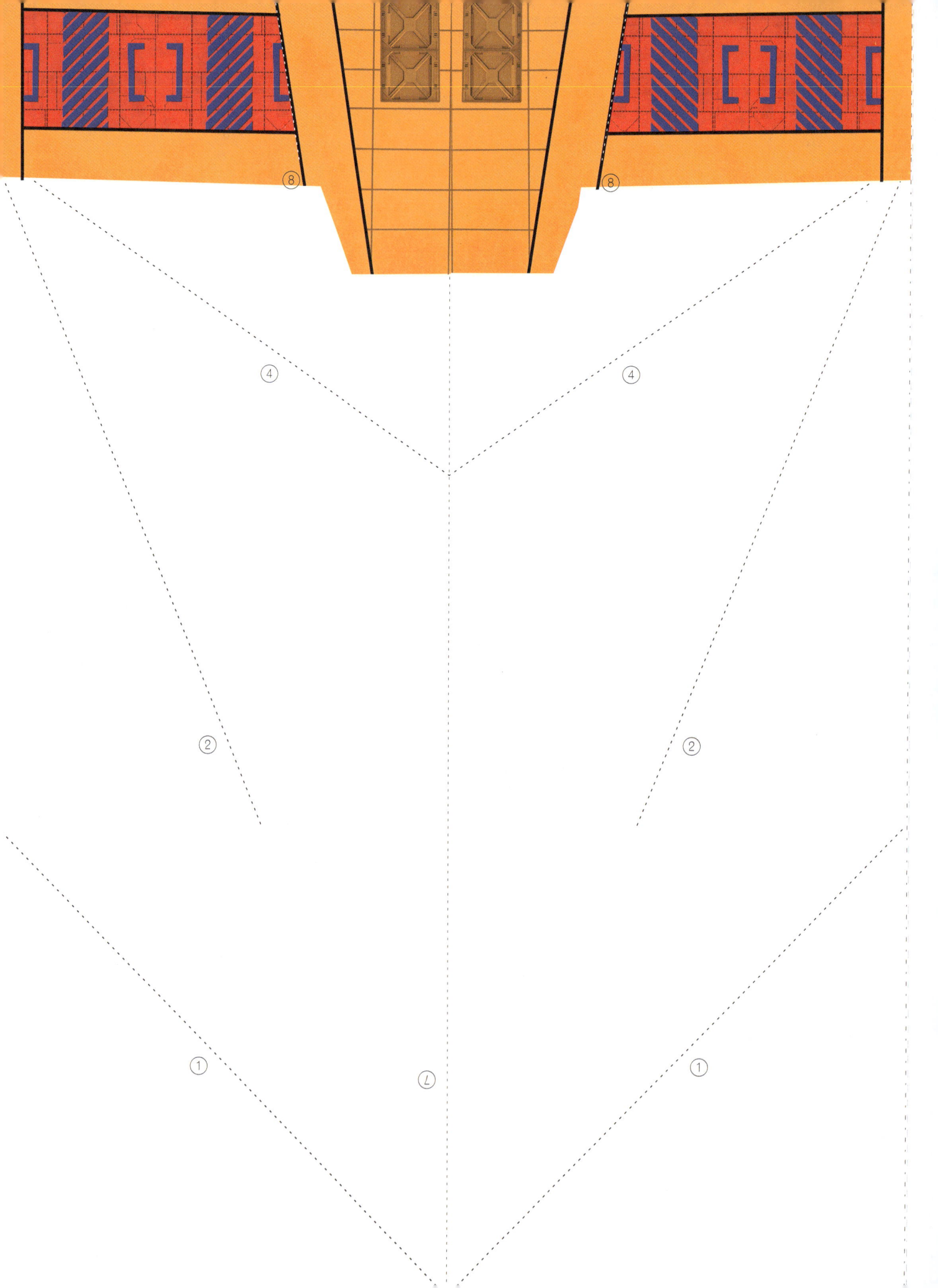

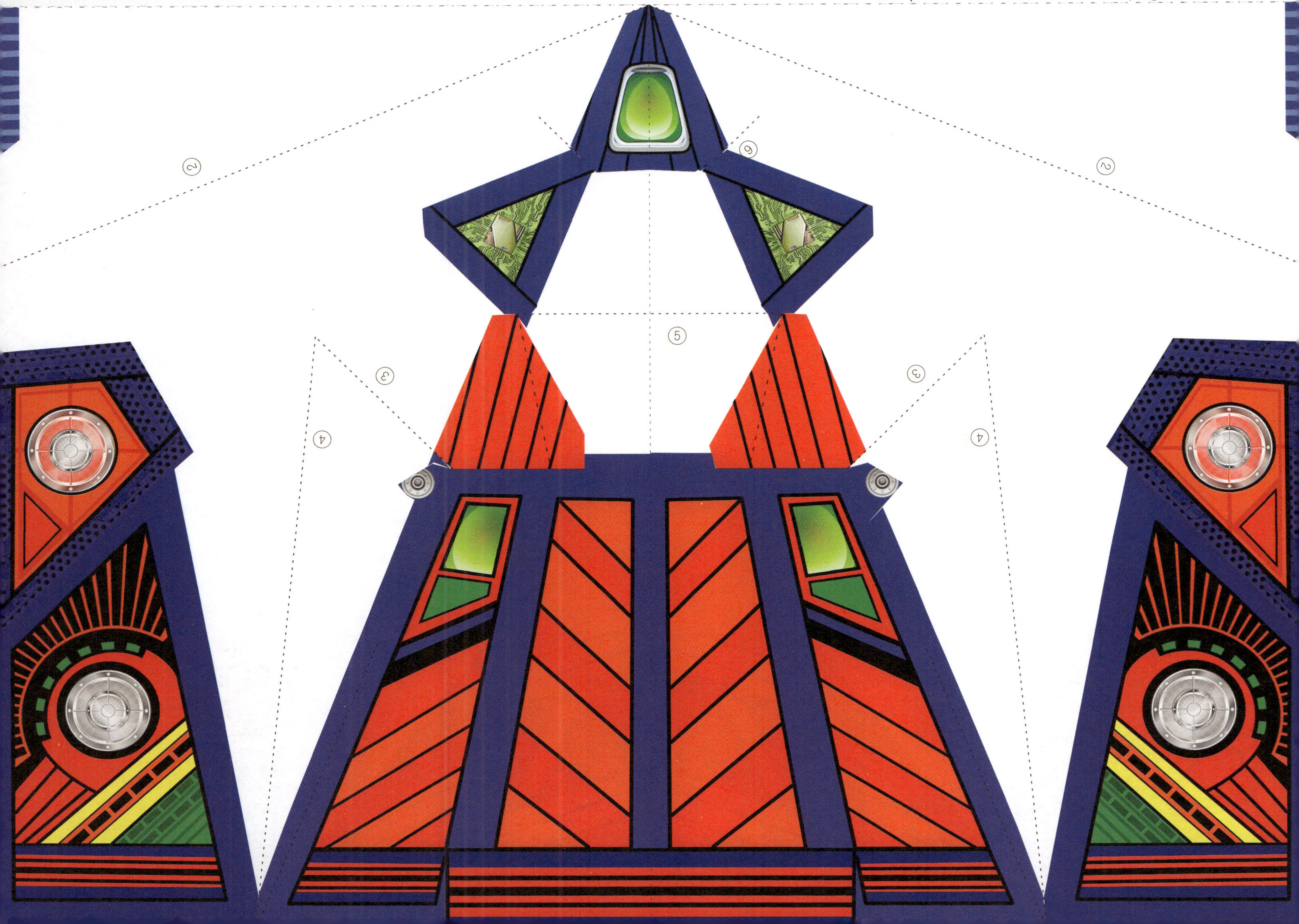
2
6
2
5
3
3
4
4

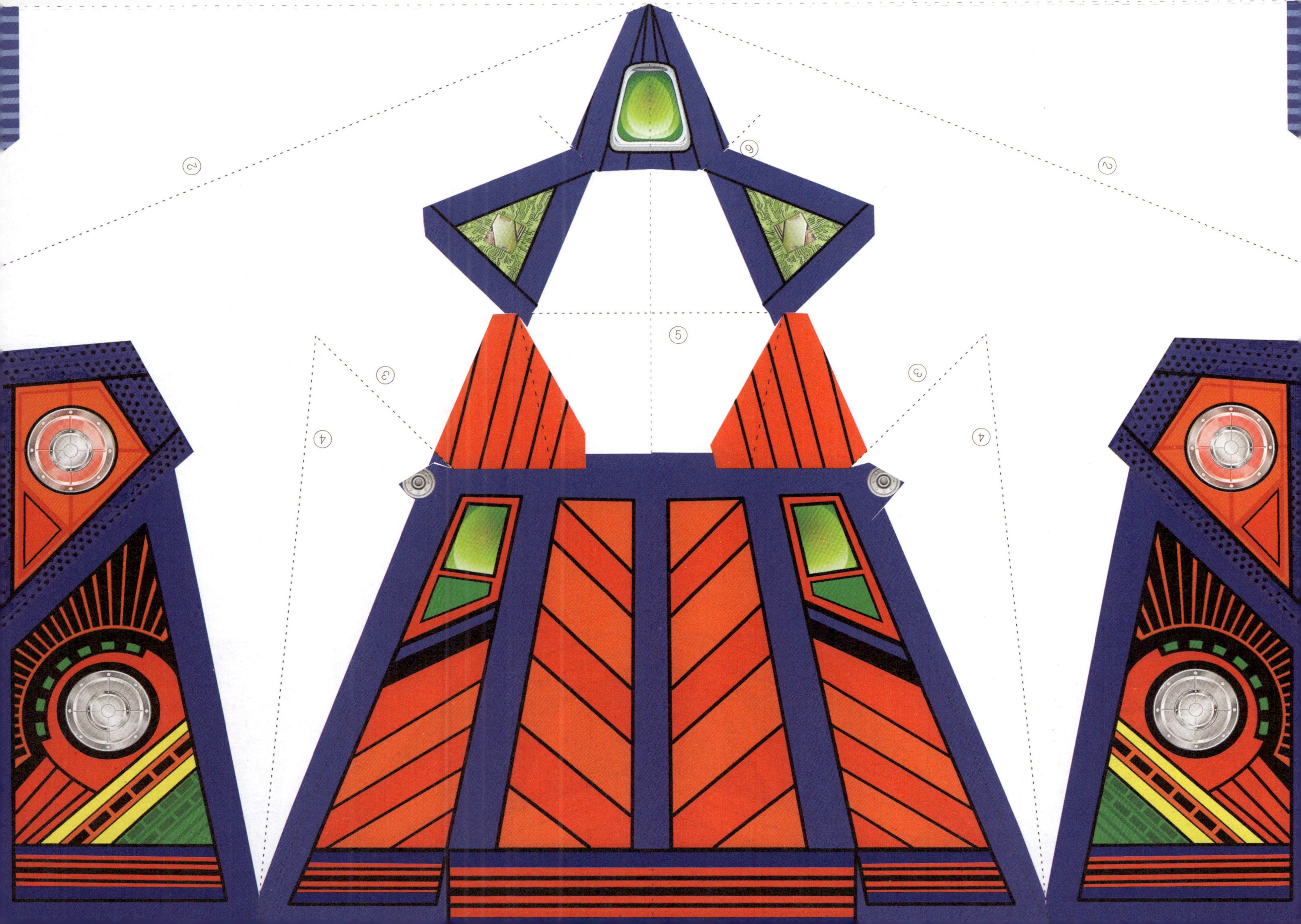
2
6
2
5
3
3
4
4

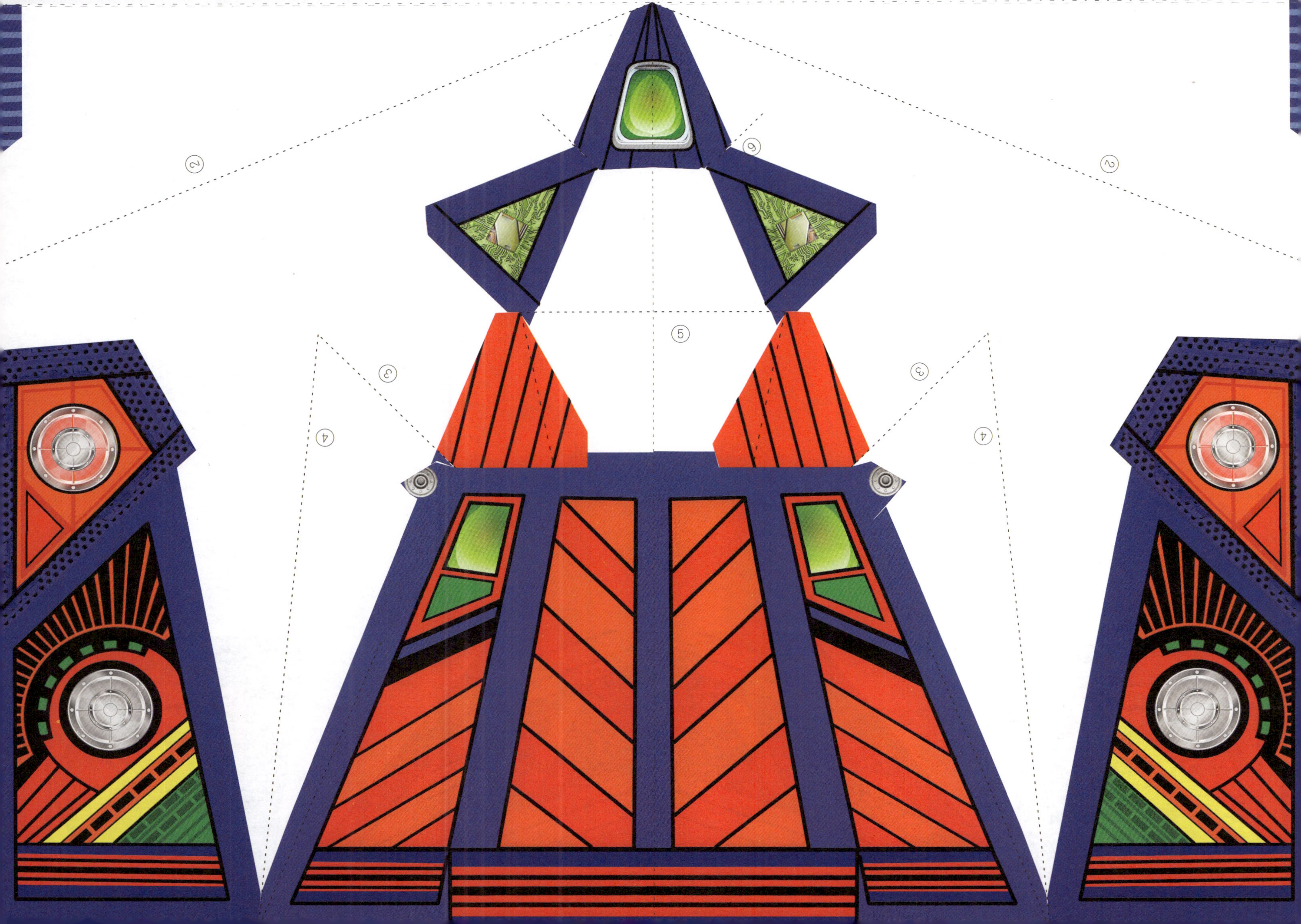

2
6
2
5
3
3
4
4

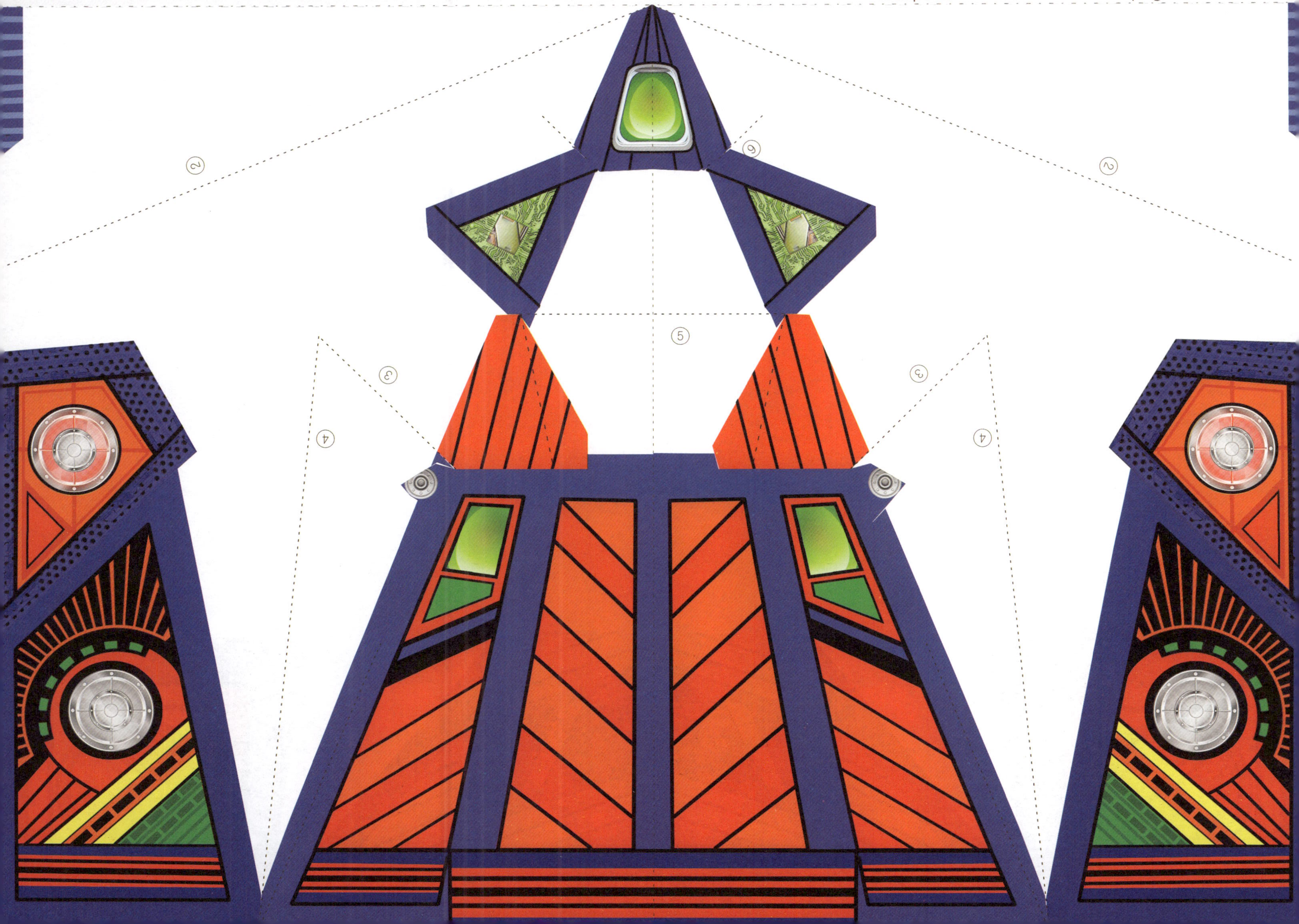
2
6
2
5
3
3
4
4

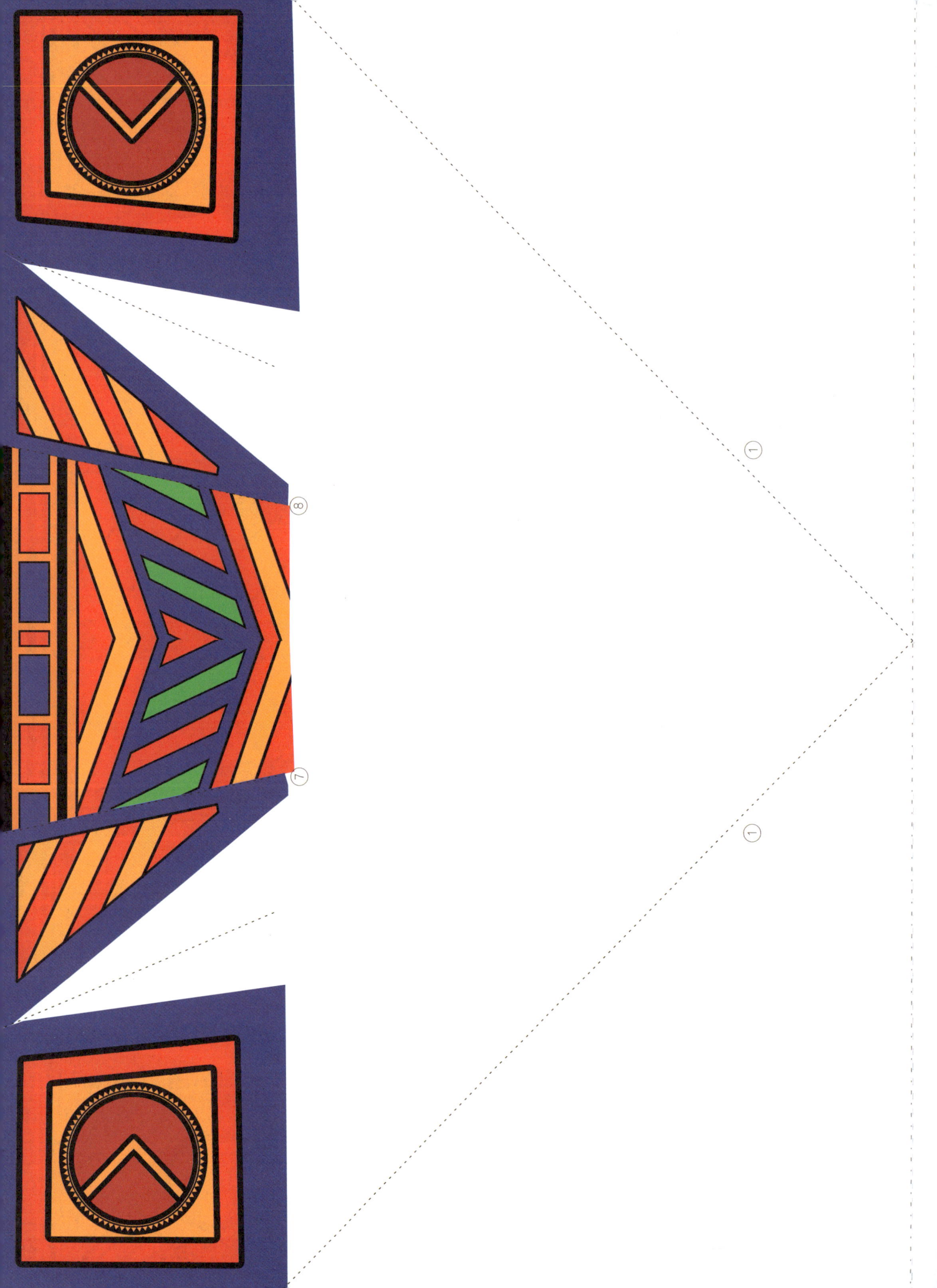

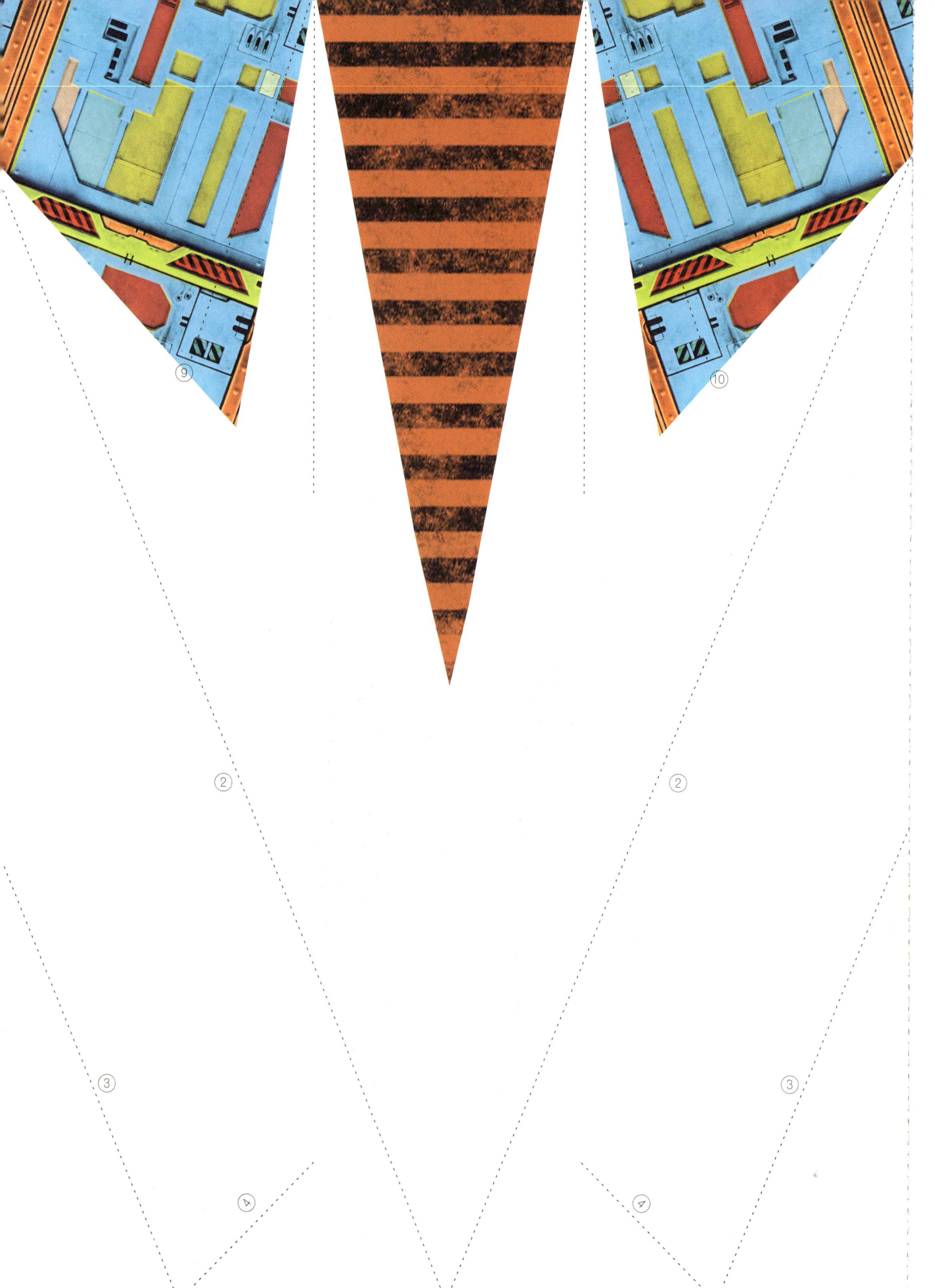

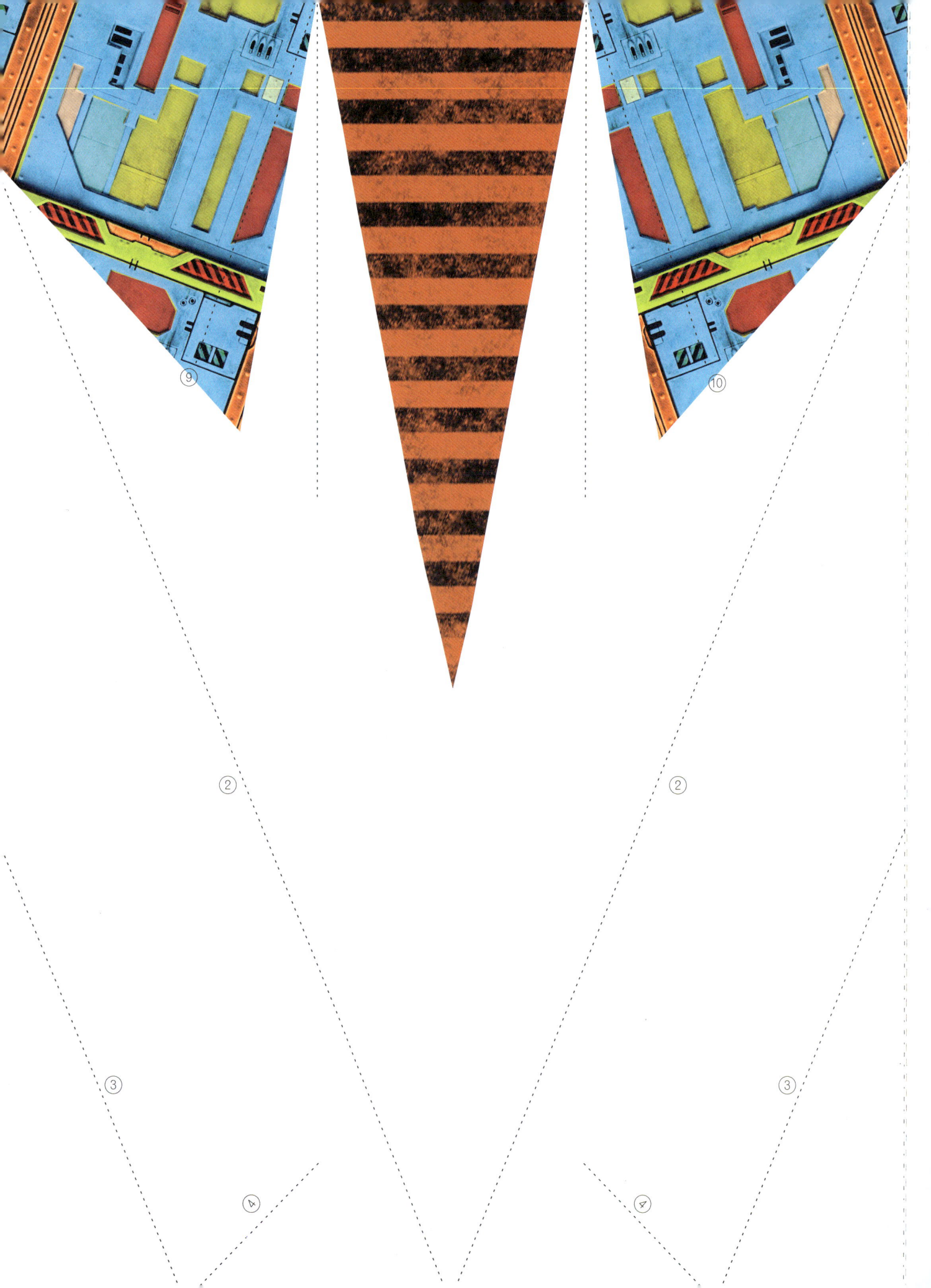

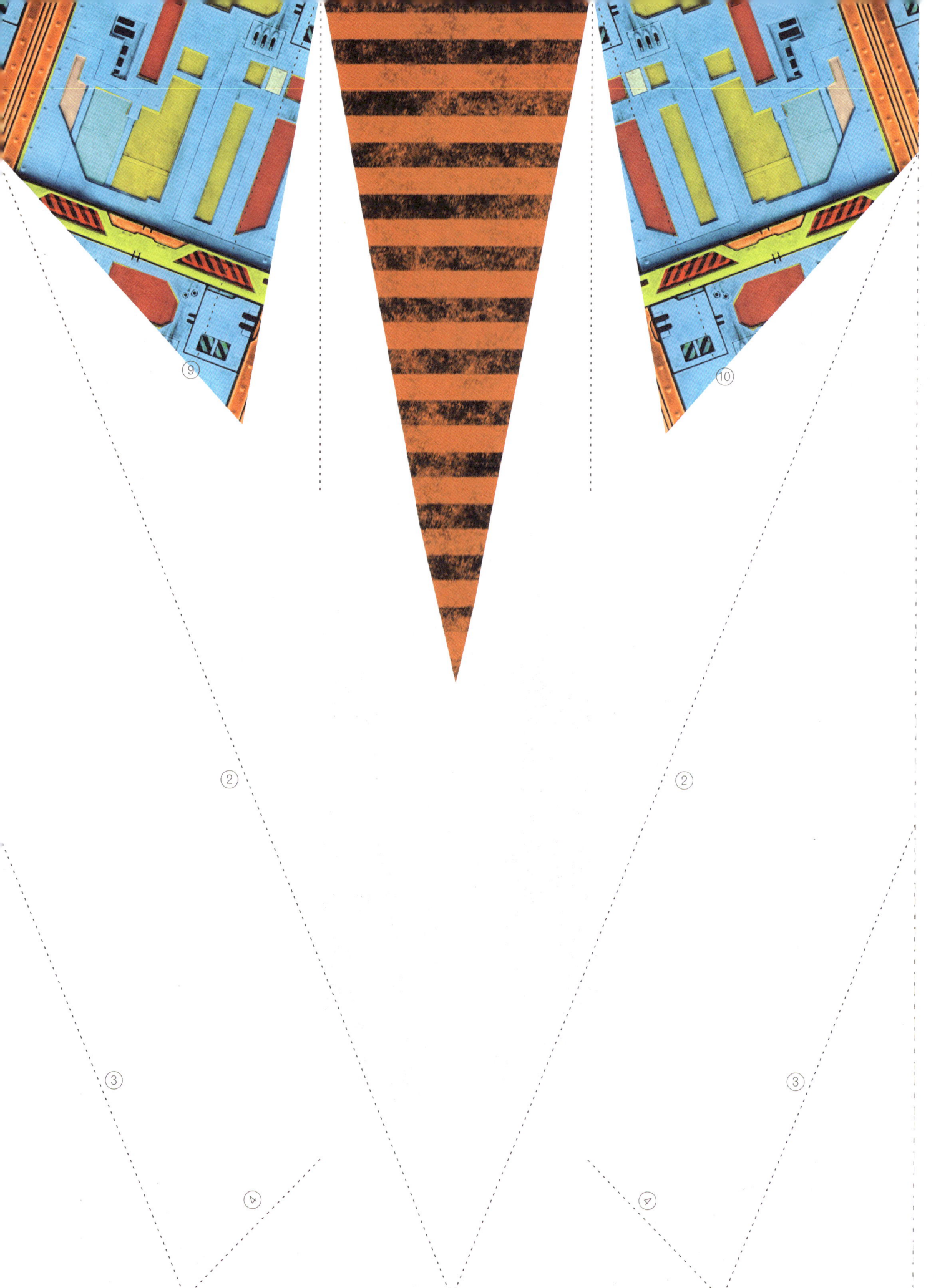

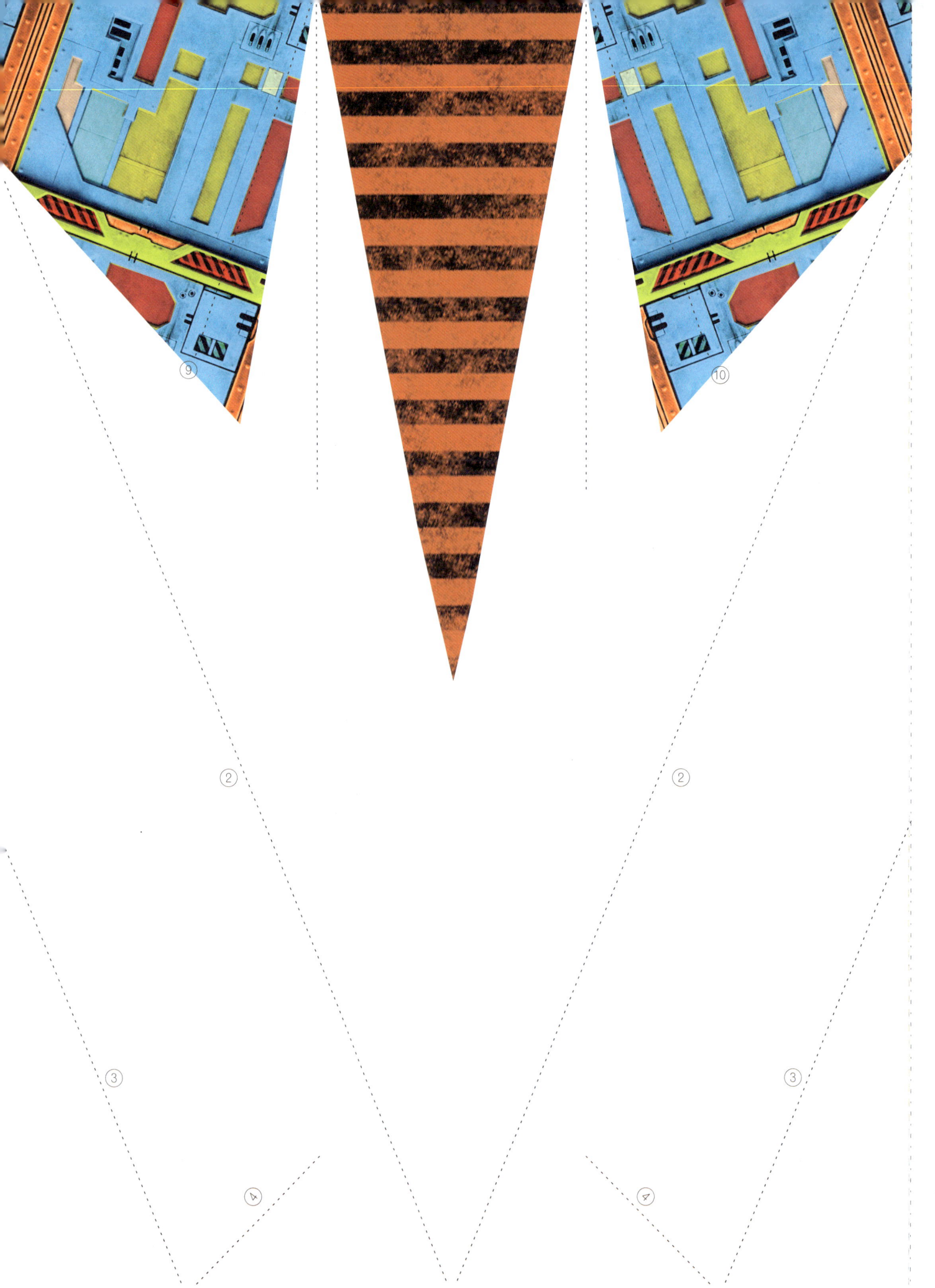

⑦

①

③

⑤

⑨

⑦

①

③

⑤

⑨

⑦

①

⑤

③

⑨

COMMAND SHIP
SHARD

②

④

⑧

⑨

⑦

①

③

⑤

⑨

COMMAND SHIP
SHARD

⑦

⑥

⑤

②

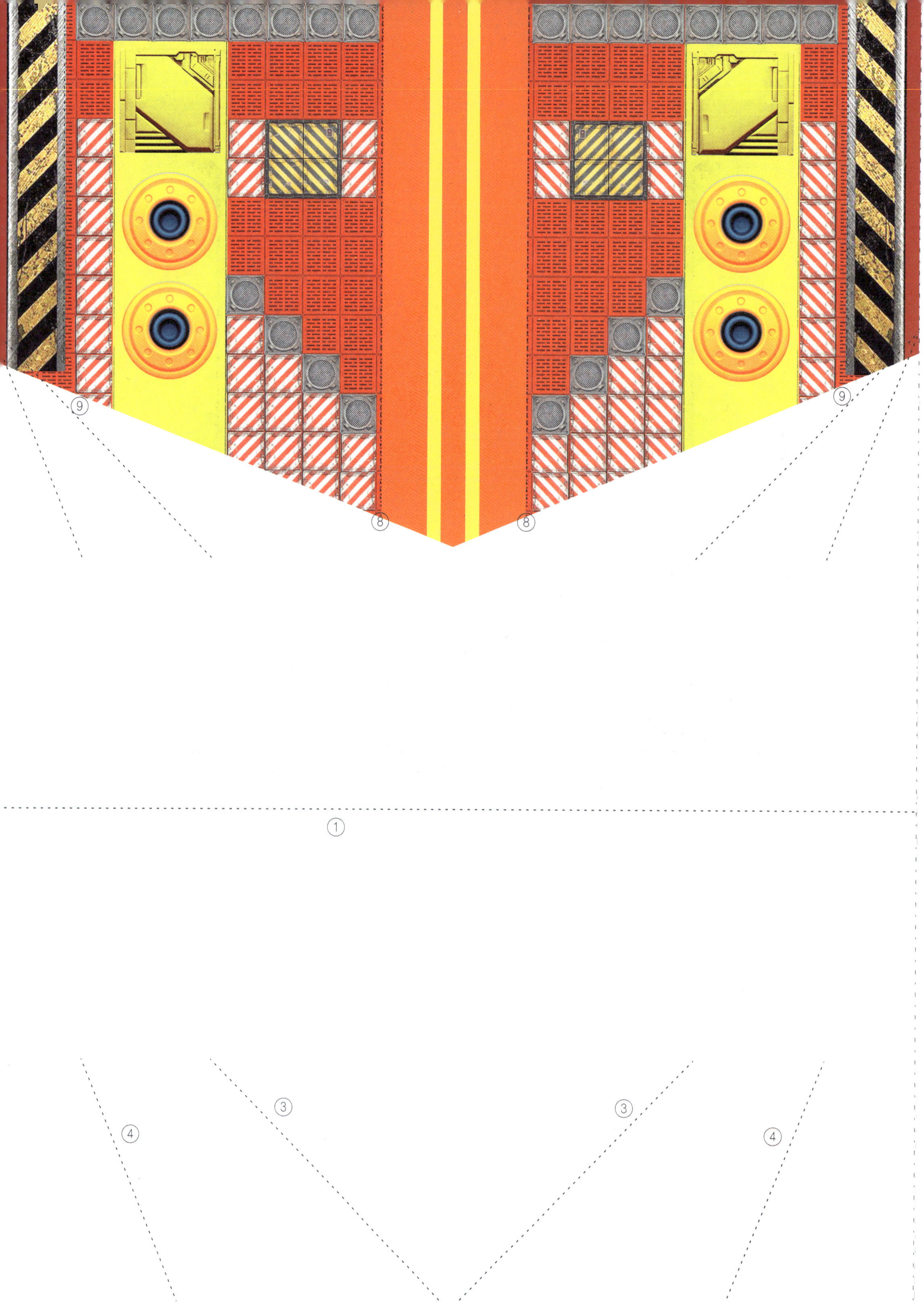

⑨ ⑨

⑧ ⑧

① ③ ③ ④ ④

Destello Instrucciones en la pág. 46

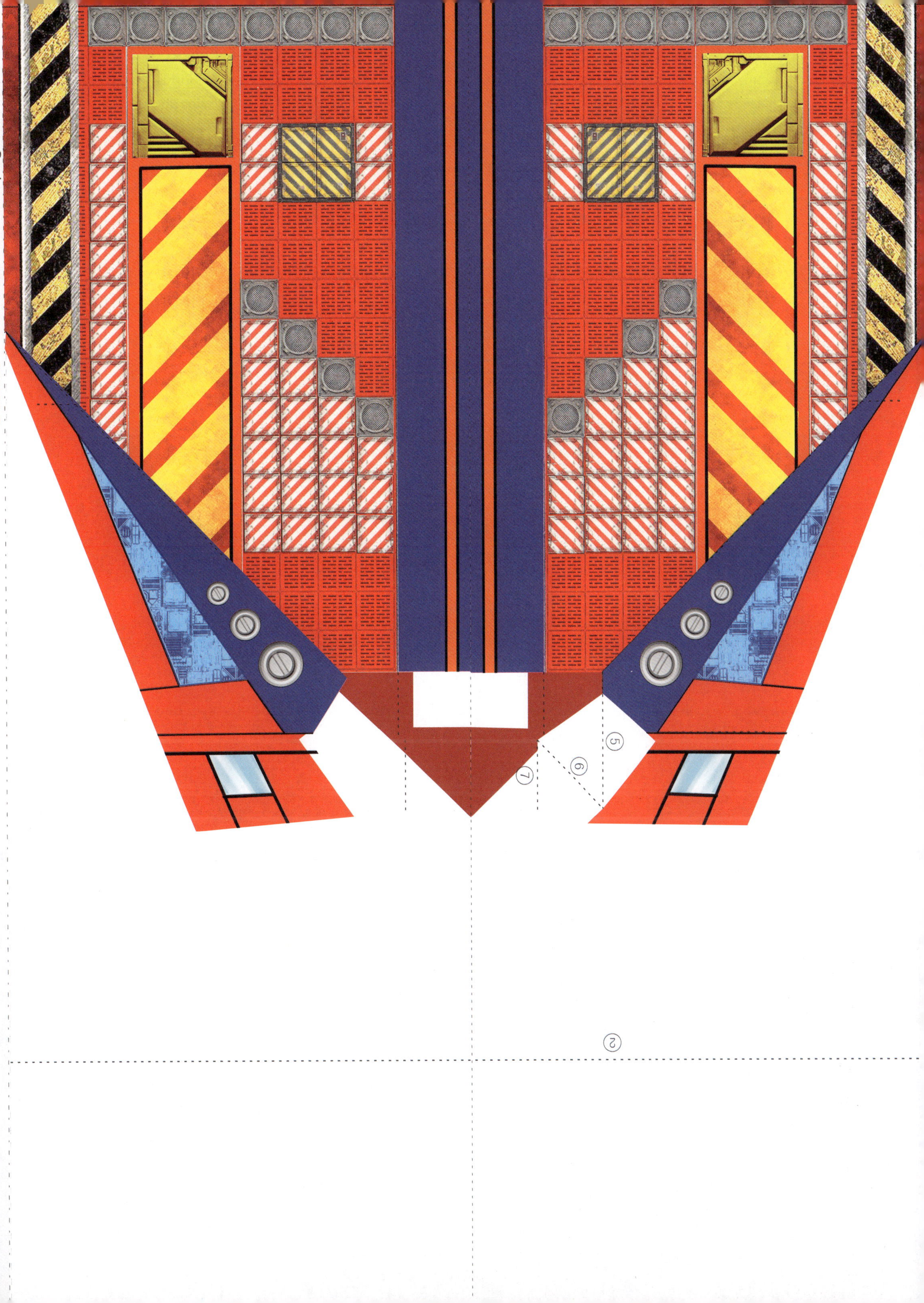

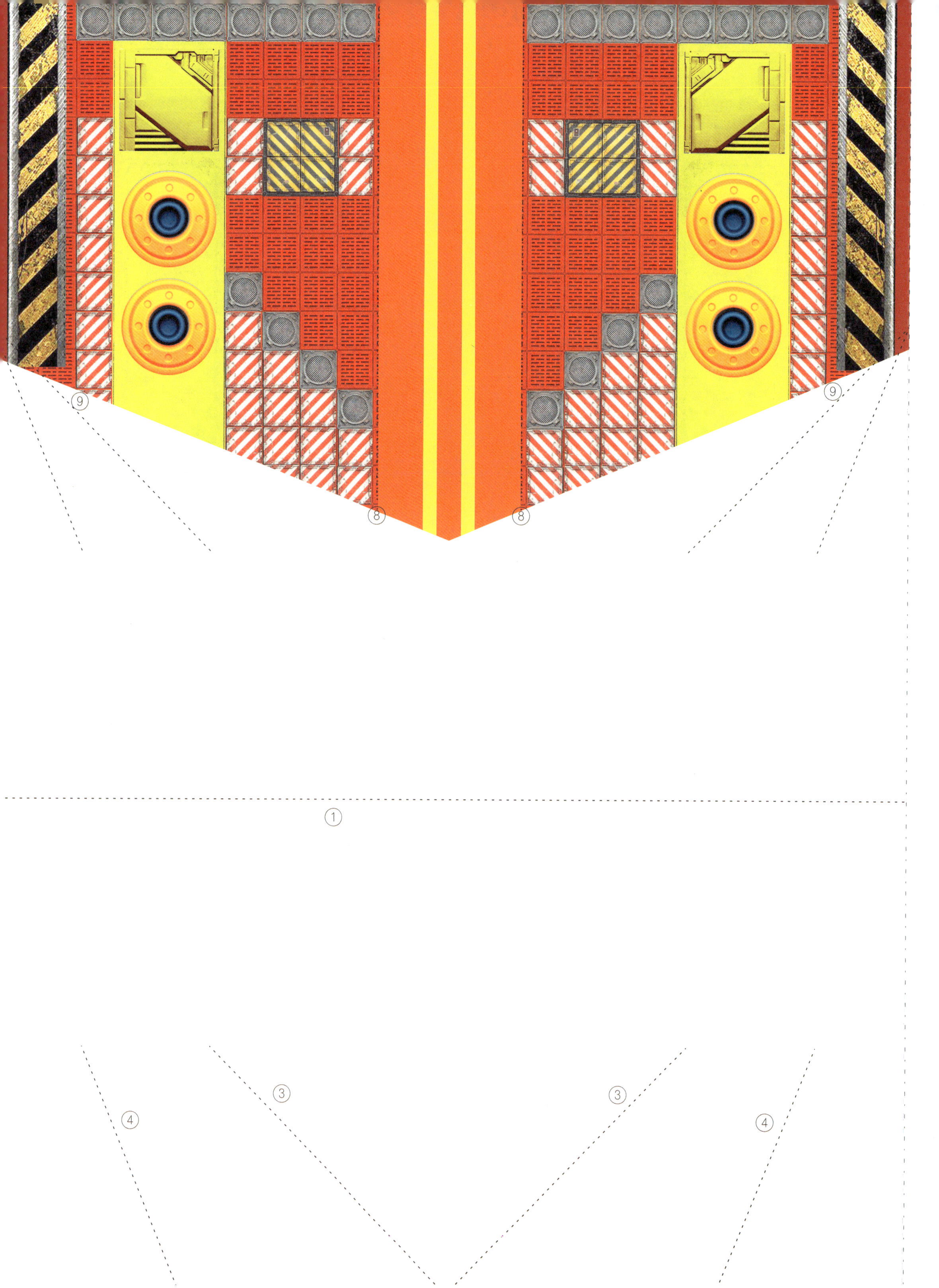

⑨

⑨

⑧

⑧

①

③

③

④

④

⑤

⑥

⑦

②

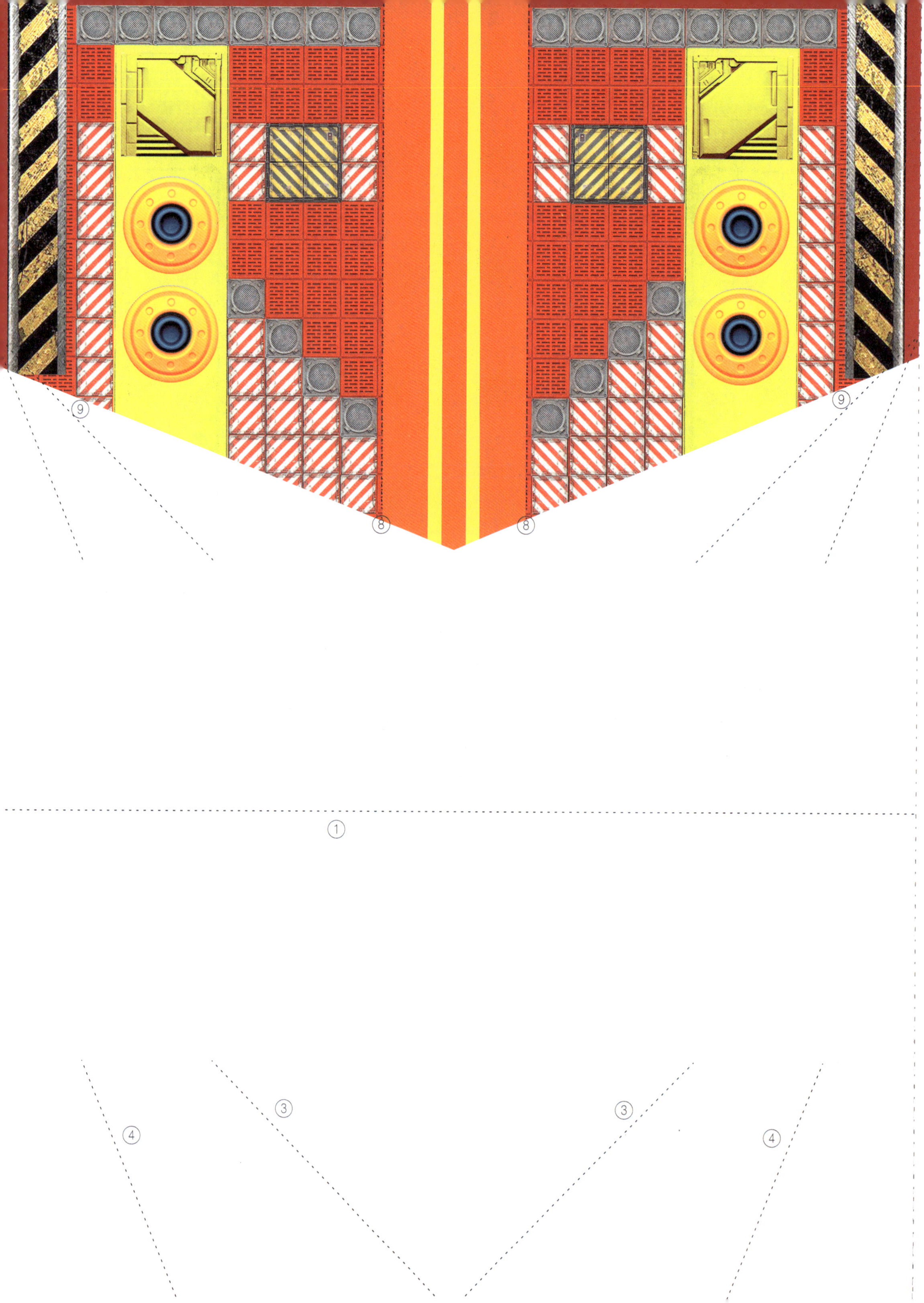

⑨ ⑨

⑧ ⑧

①

③ ③

④ ④

⑤

⑥

⑦

②

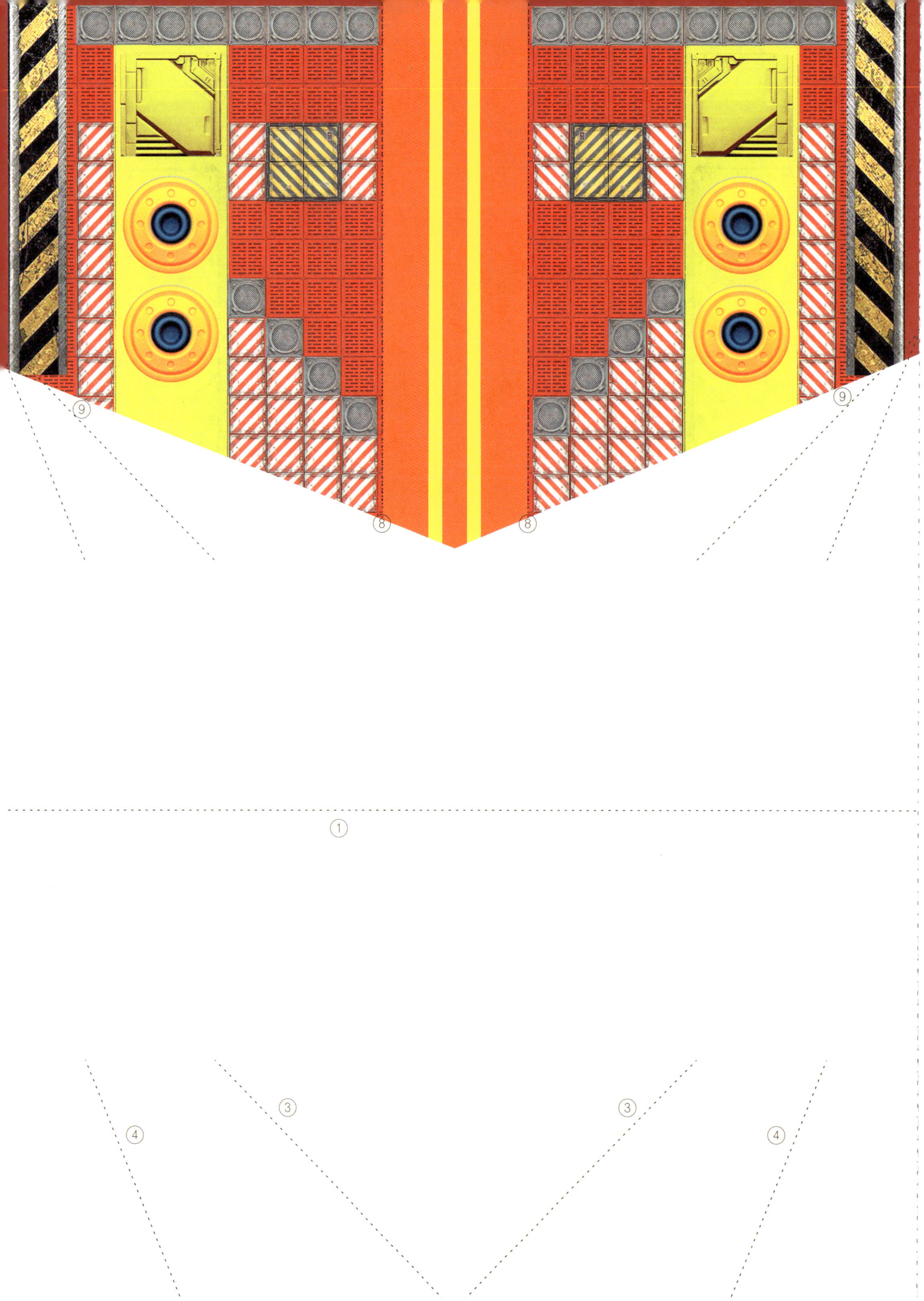

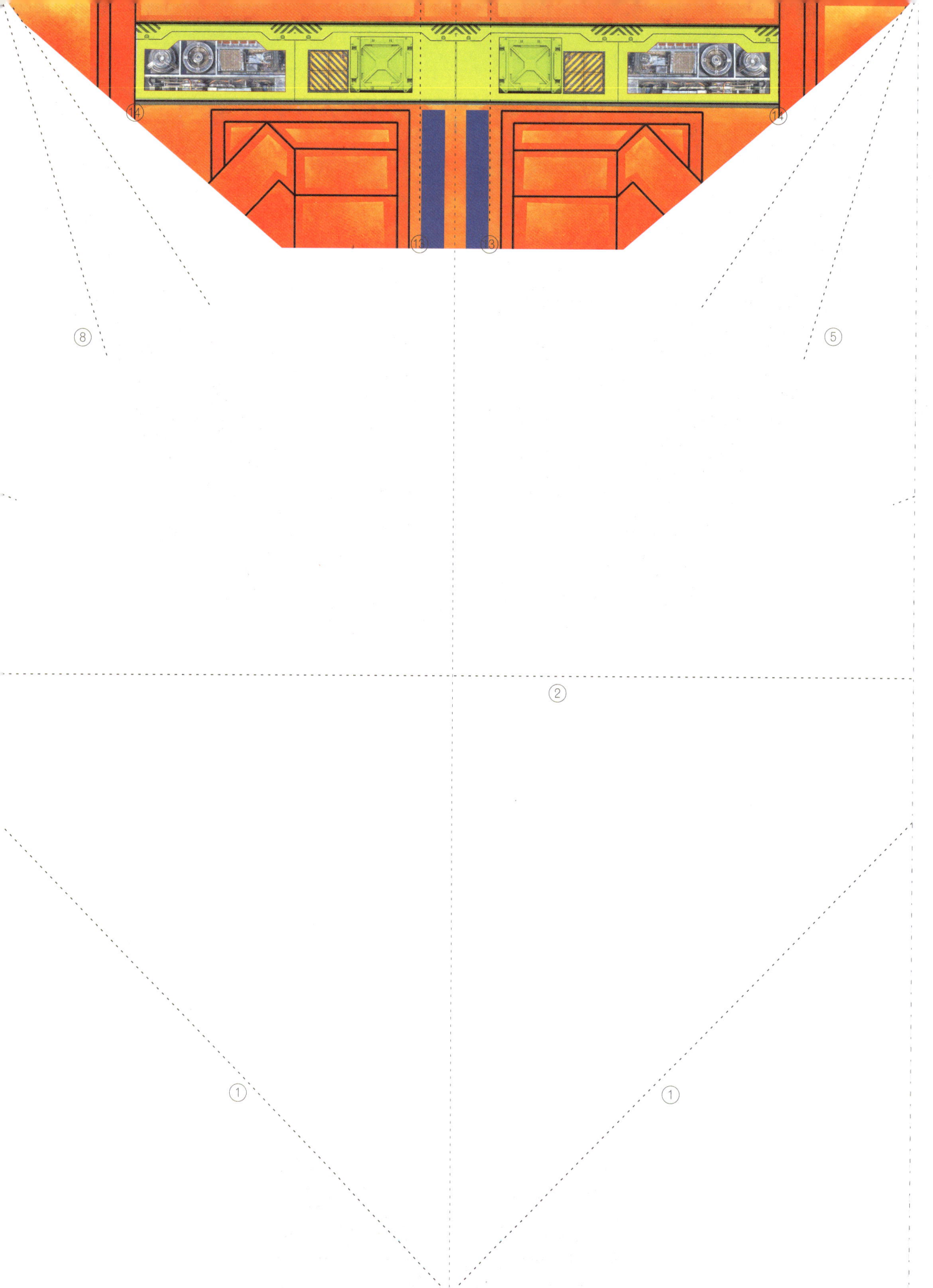

Triada Instrucciones en la pág. 48

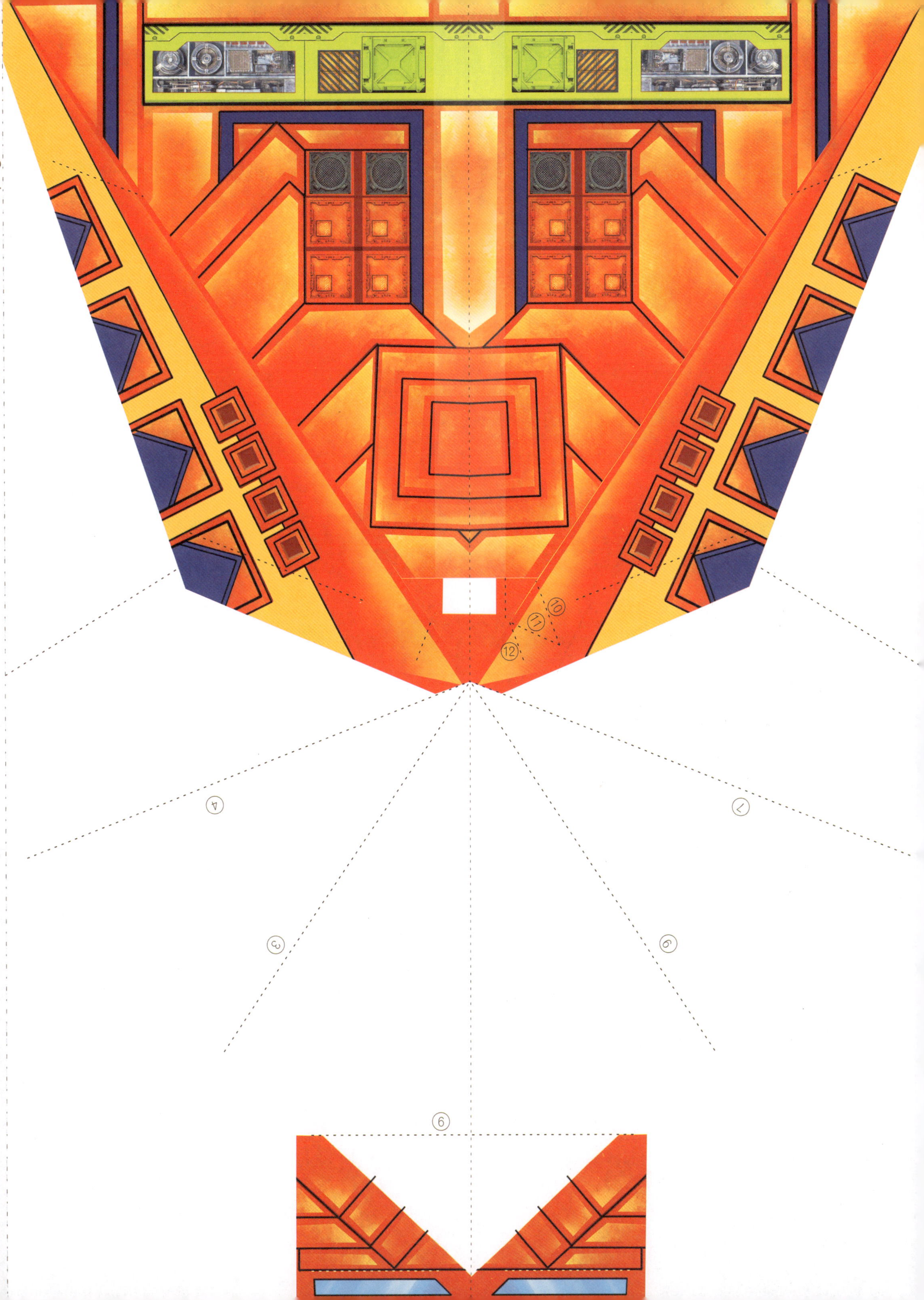

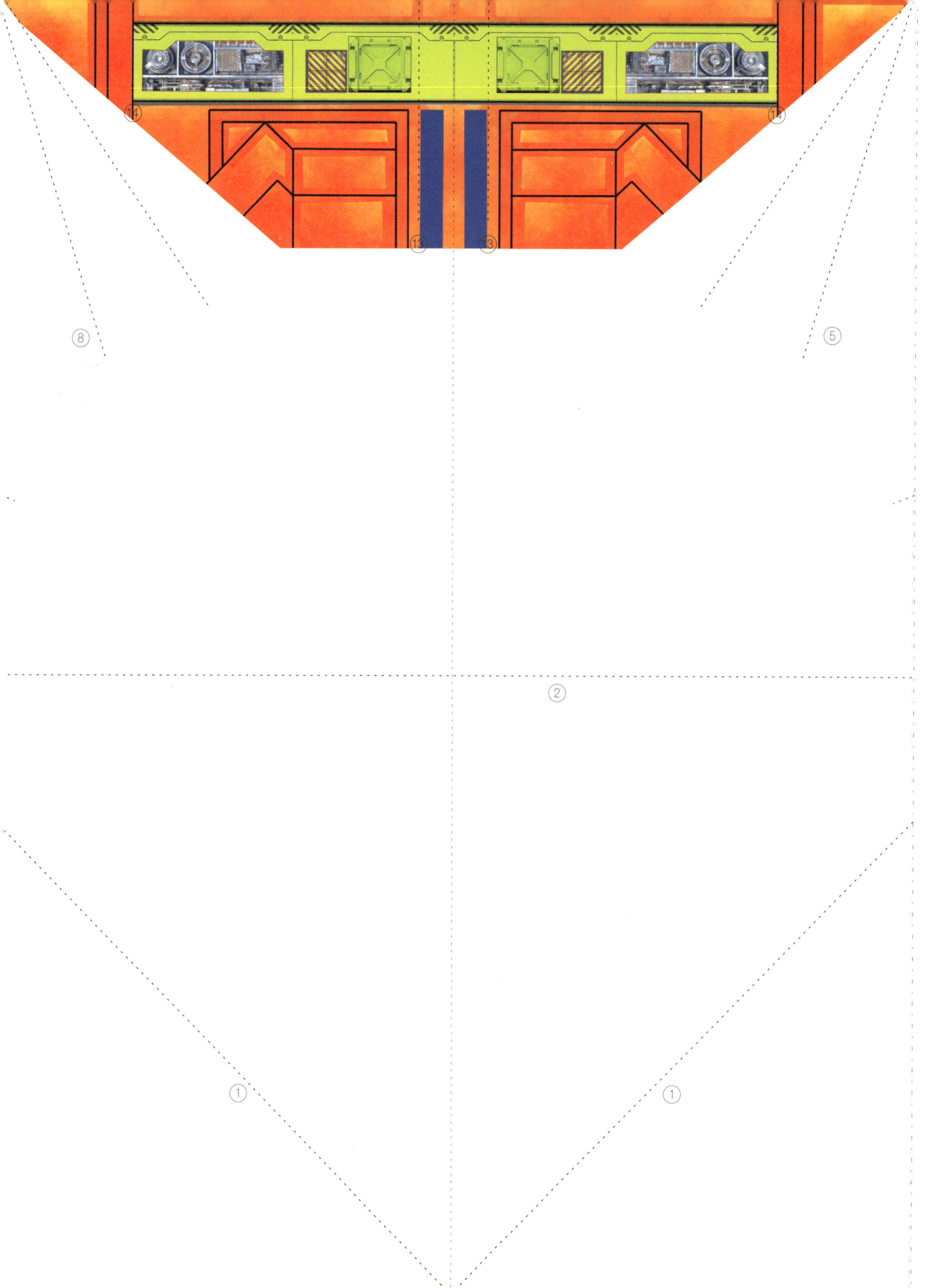

Triada Instrucciones en la pág. 48

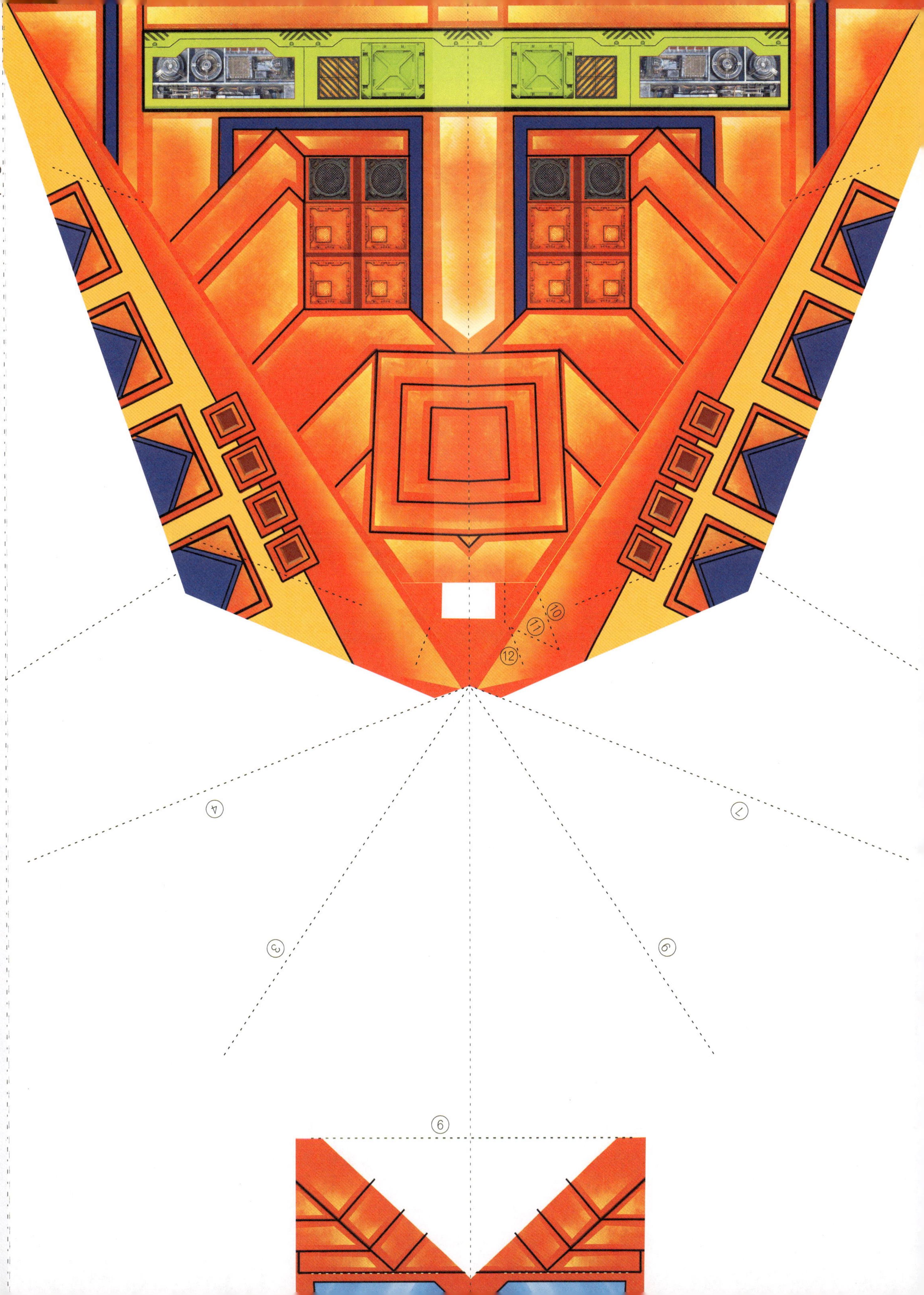

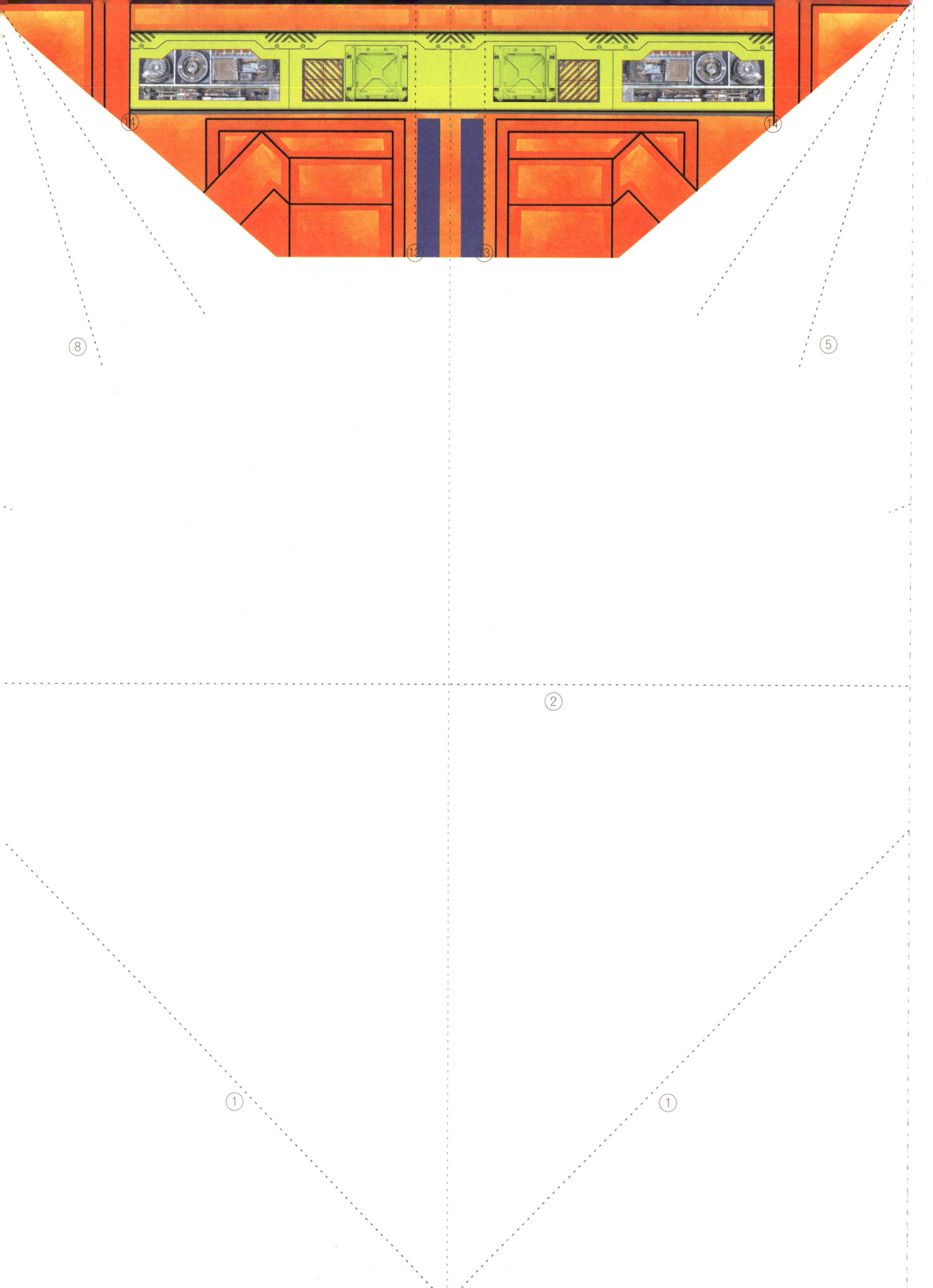

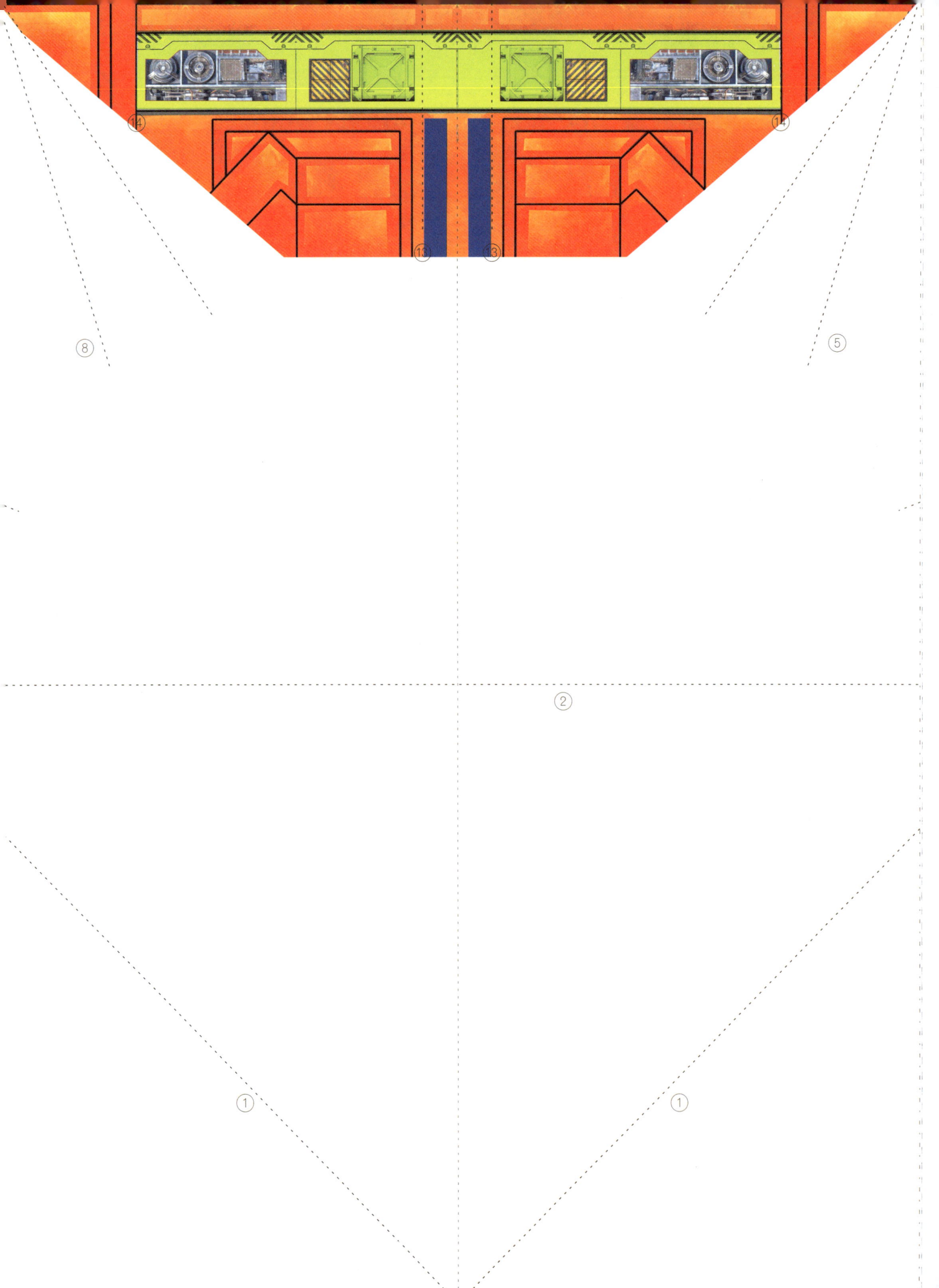

9

7

8

5

6

4

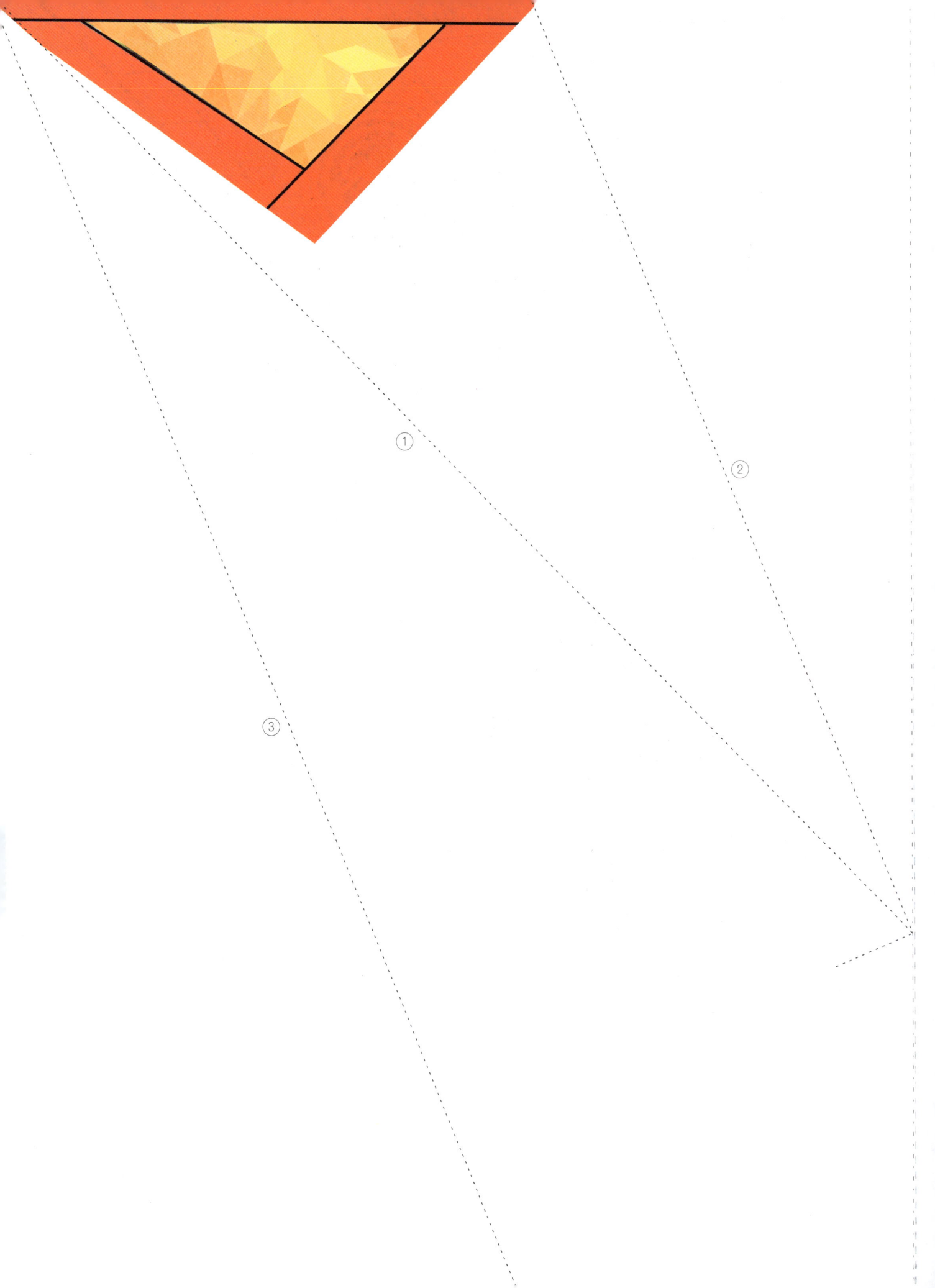

④

⑤

⑥

⑦

⑧

⑨

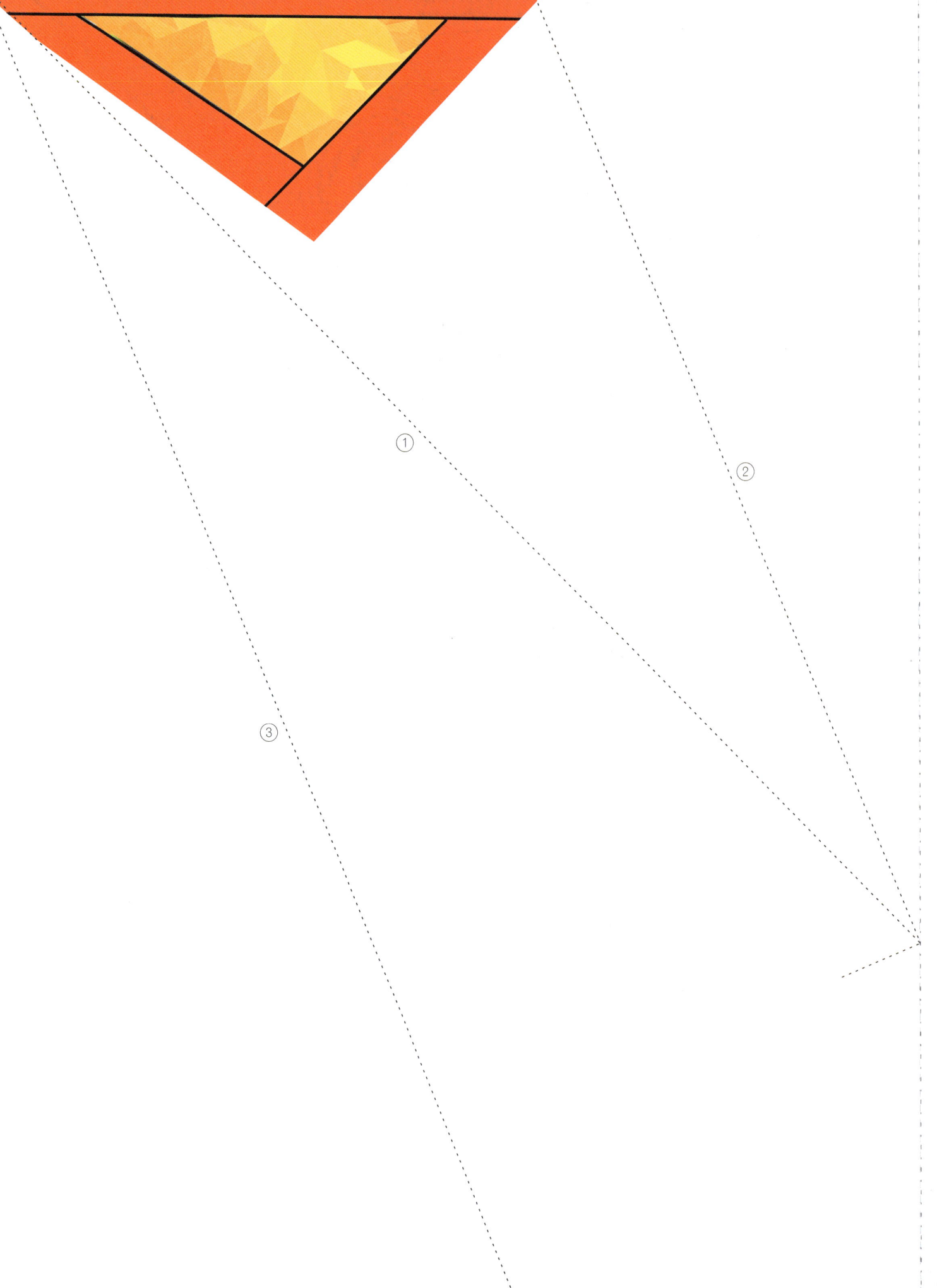

9

7

8

5

6

4

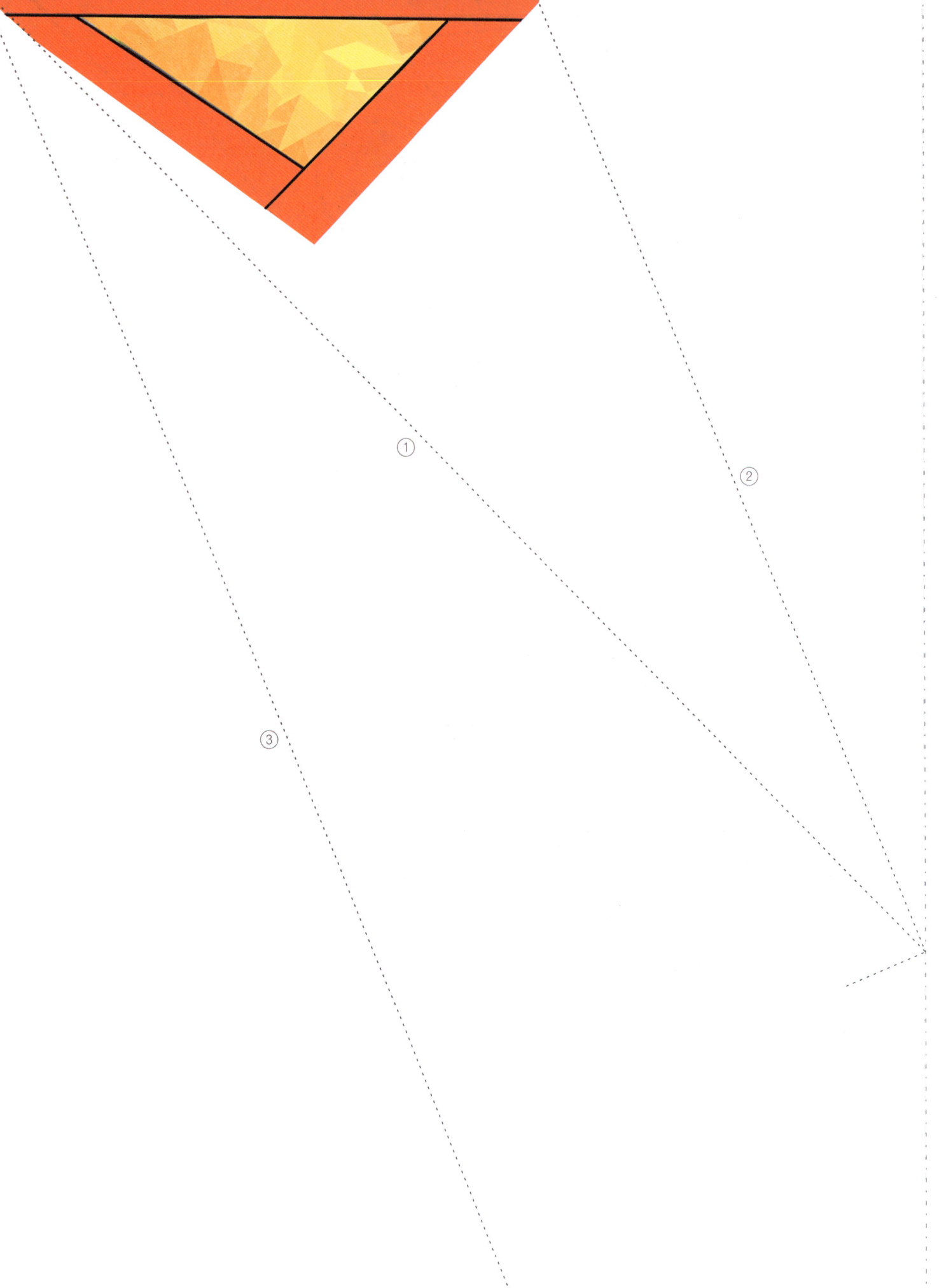

⑥

⑦

⑧

⑥

⑤

④

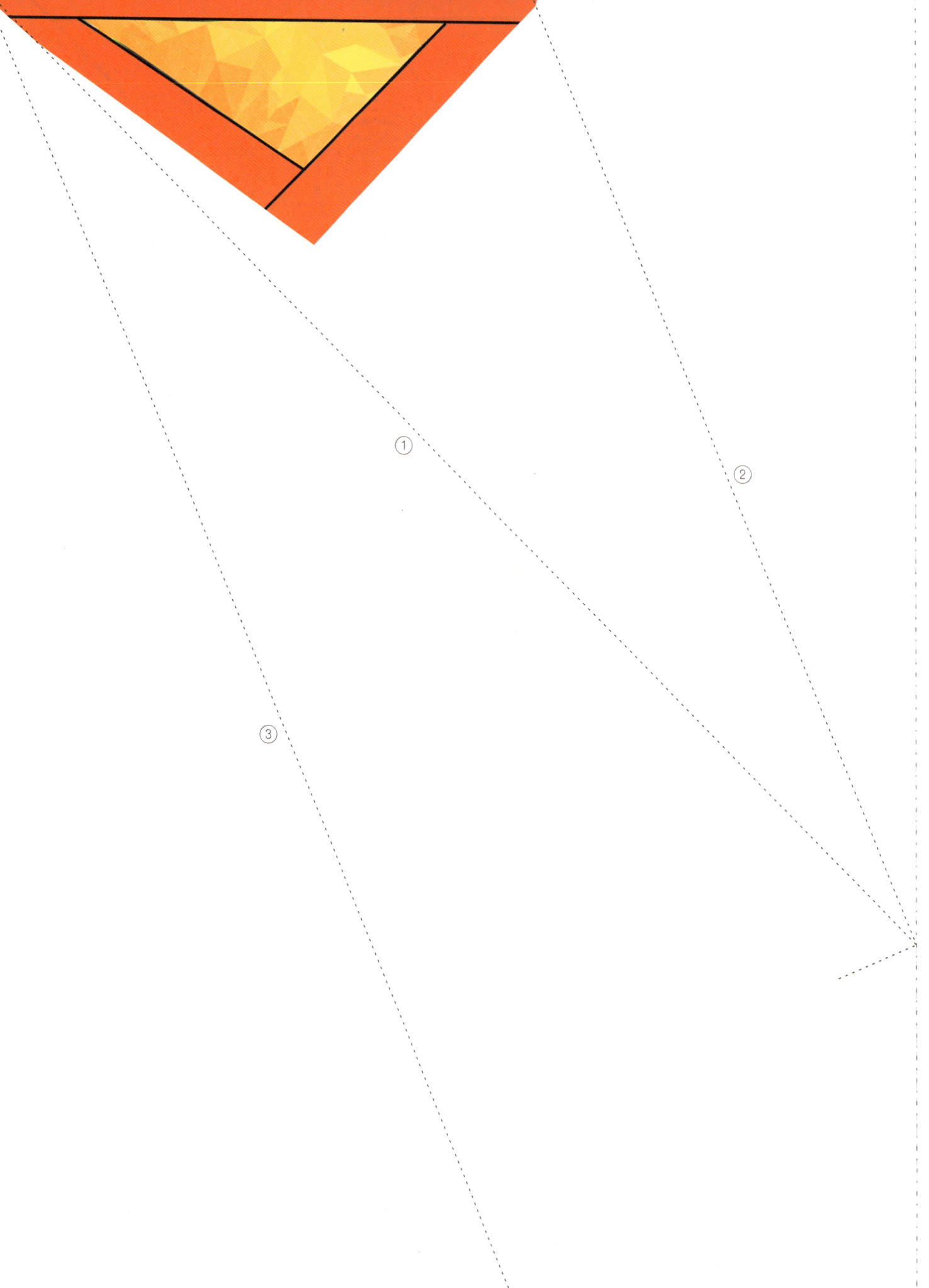

Xeno

Instrucciones en la pág. 52

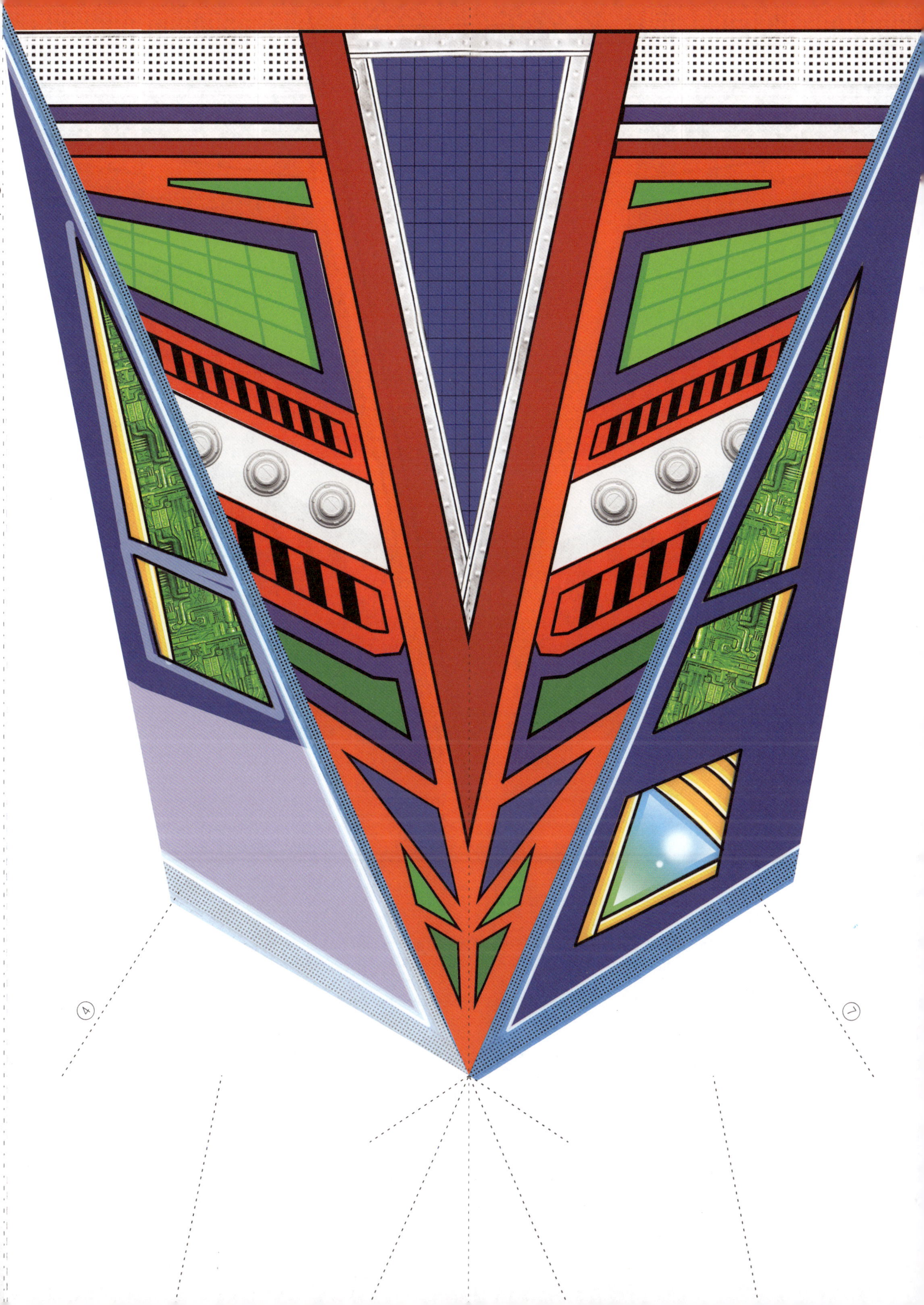

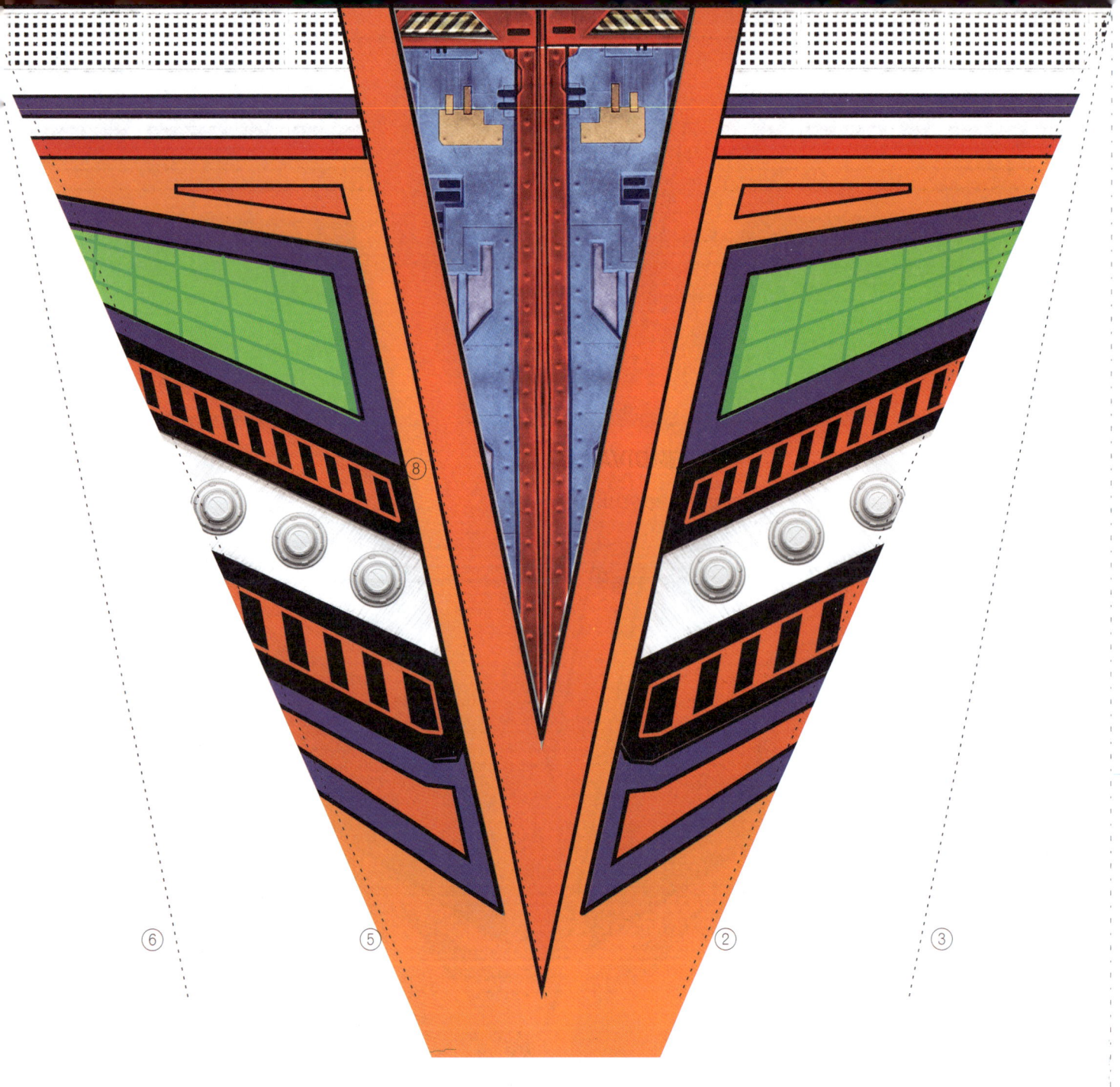

Xeno Instrucciones en la pág. 52

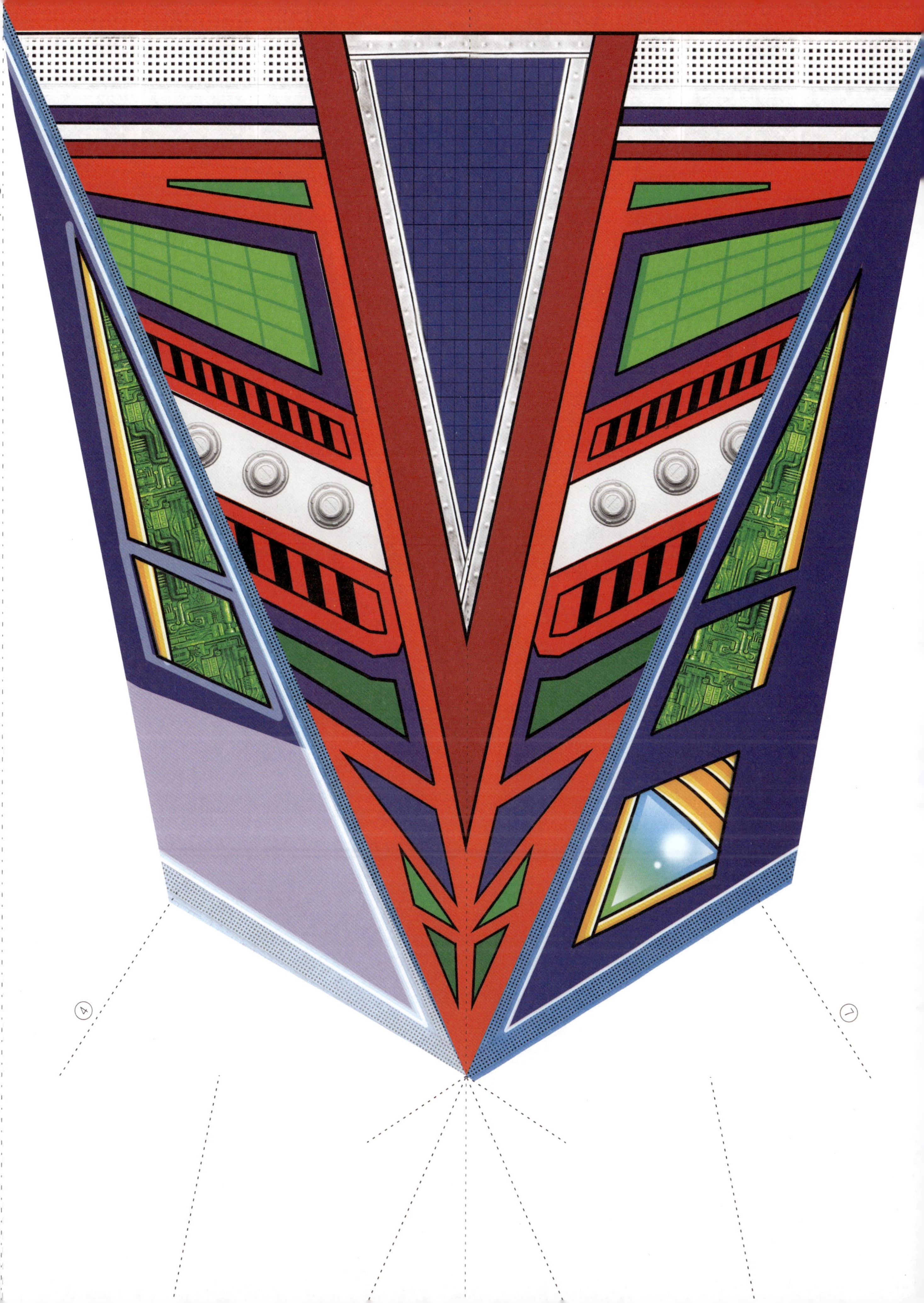

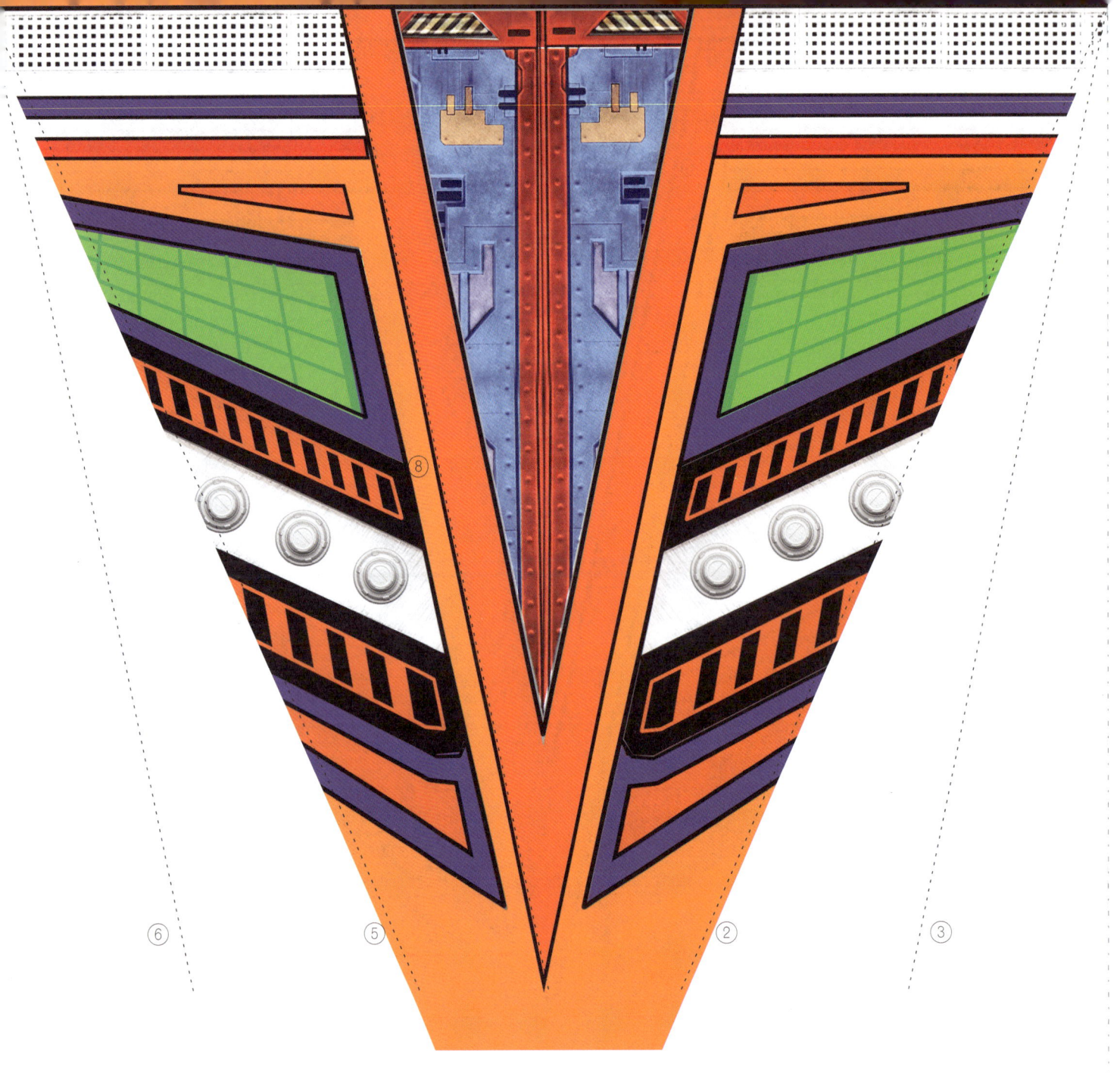

Xeno Instrucciones en la pág. 52

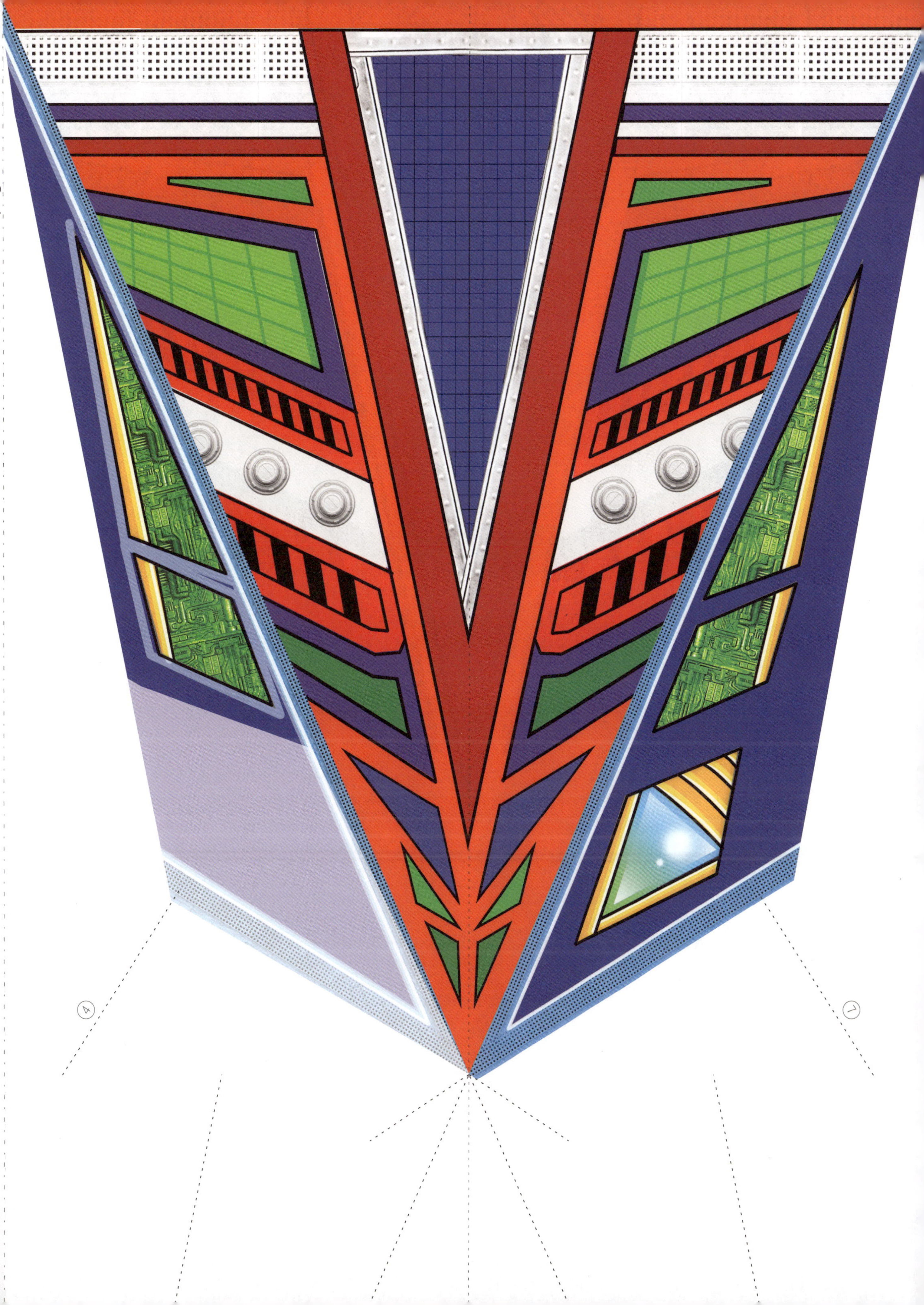

④

⑦

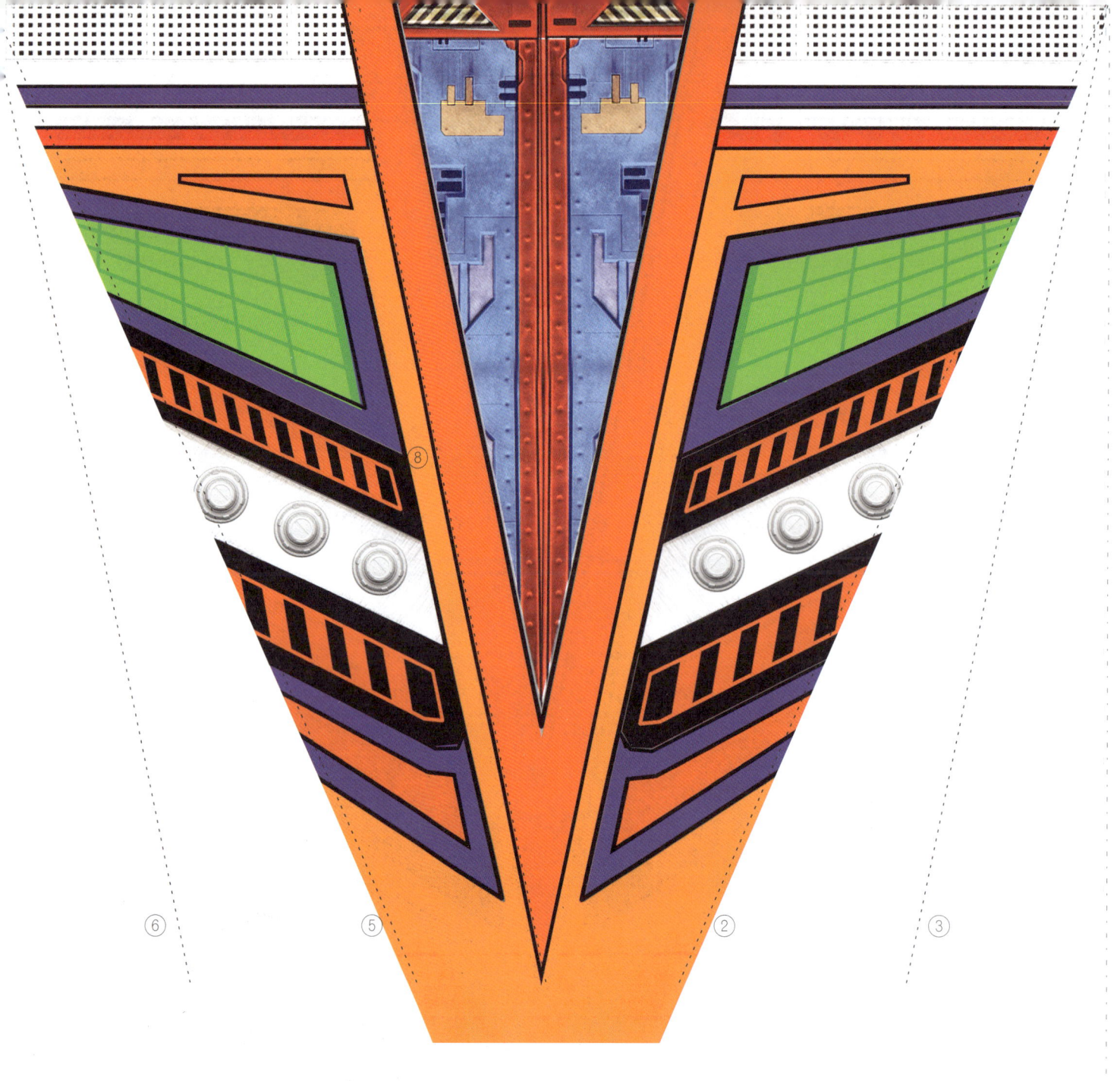

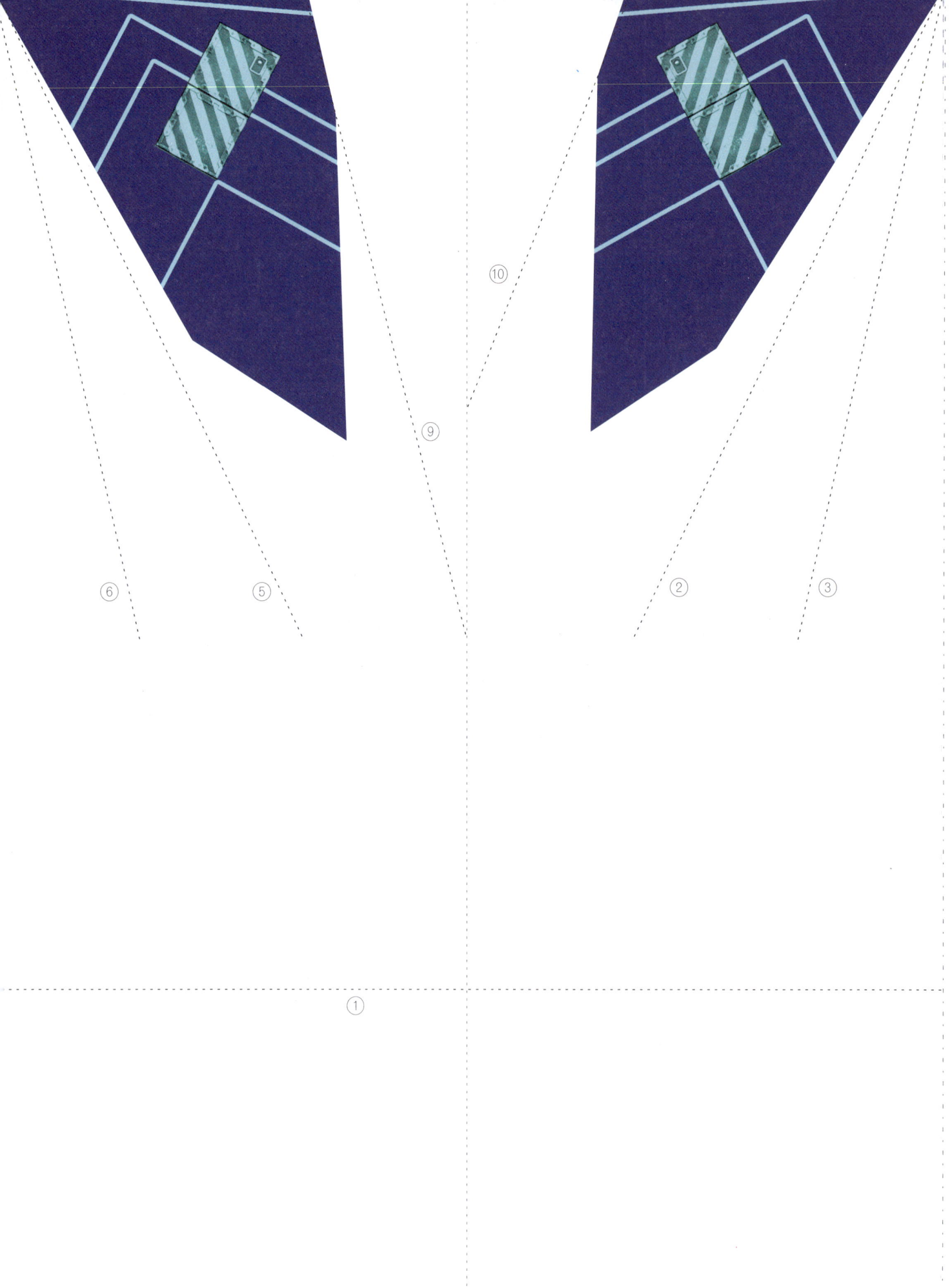

Zénit Instrucciones en la pág. 54

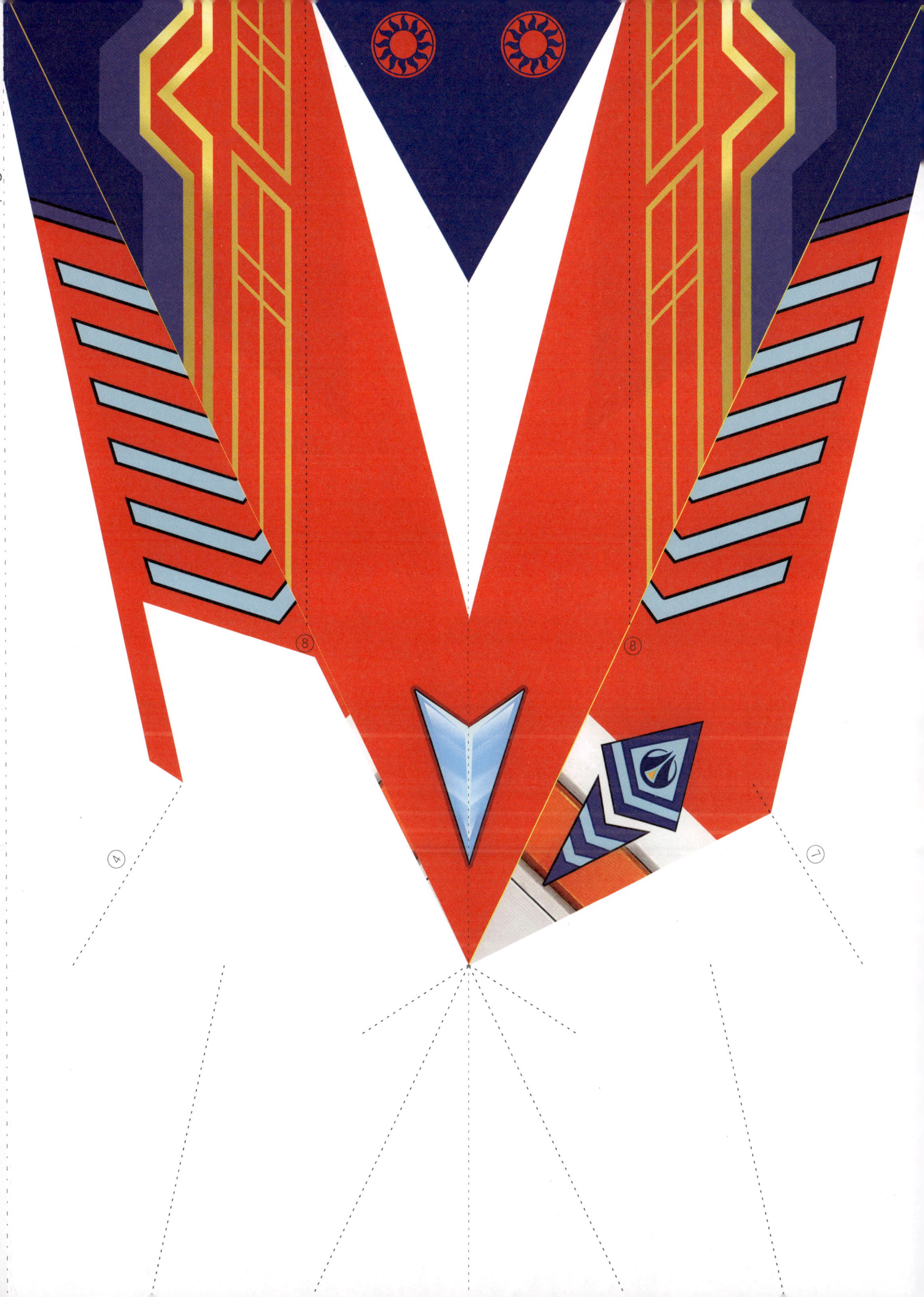

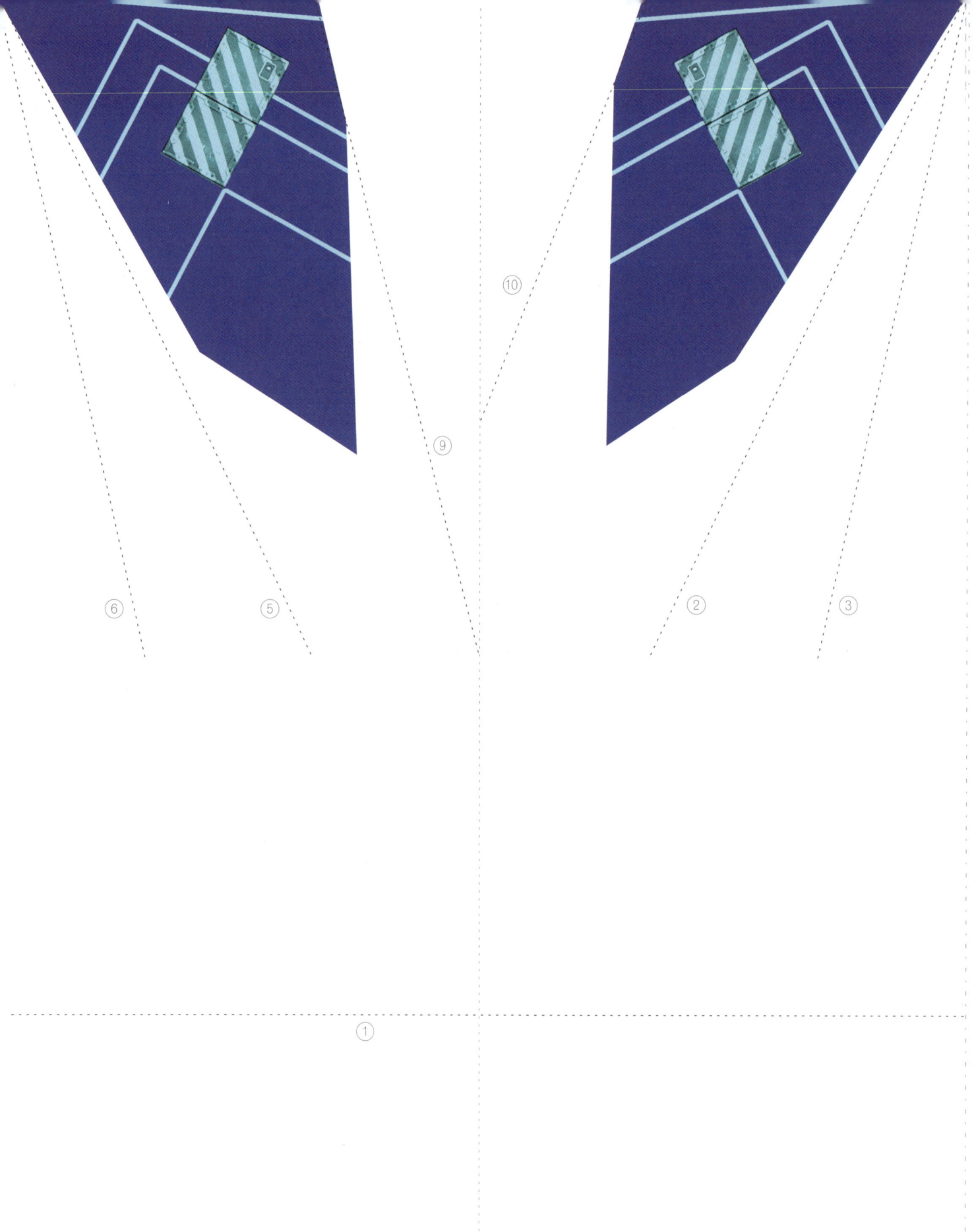

Zénit   Instrucciones en la pág. 54

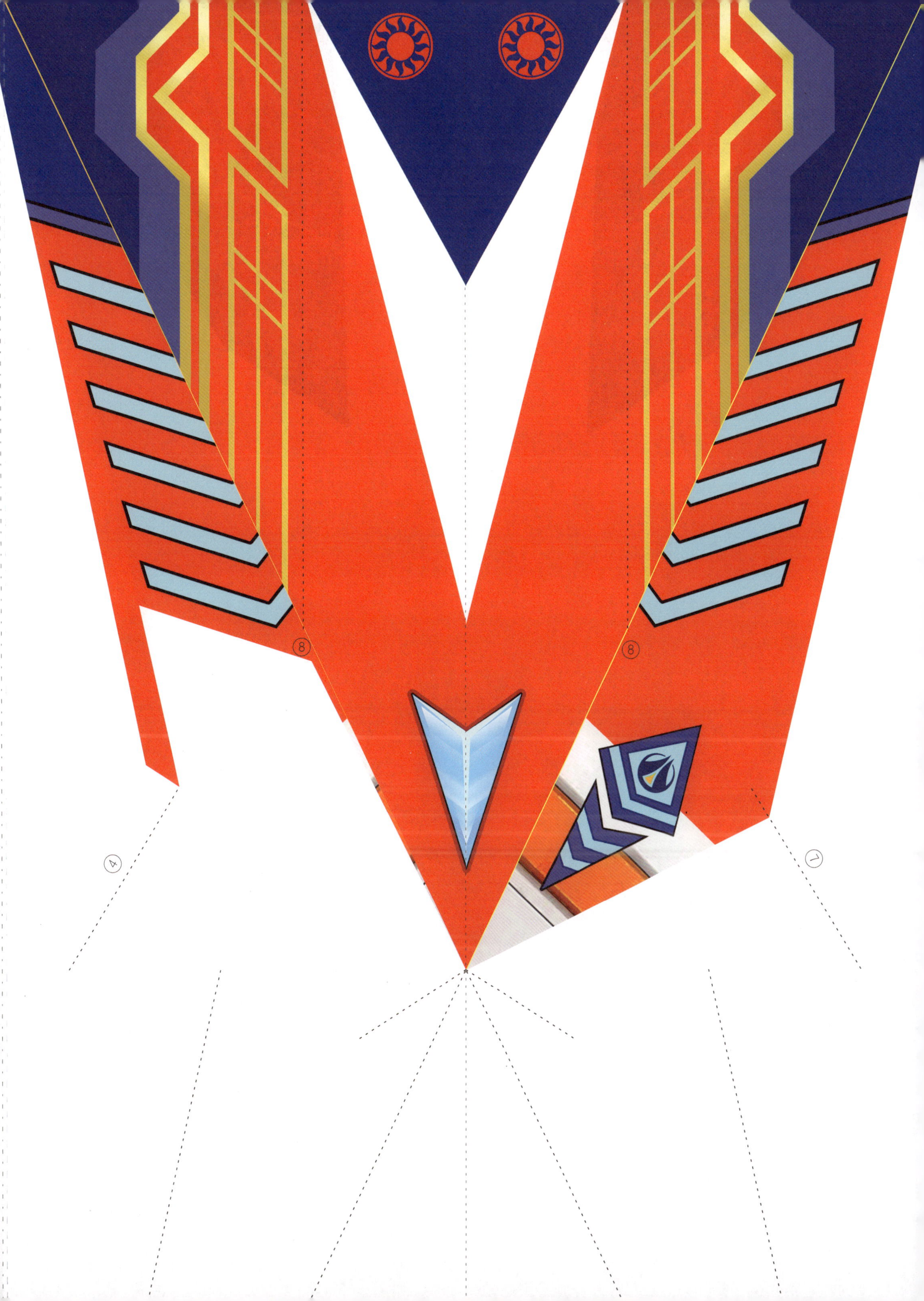

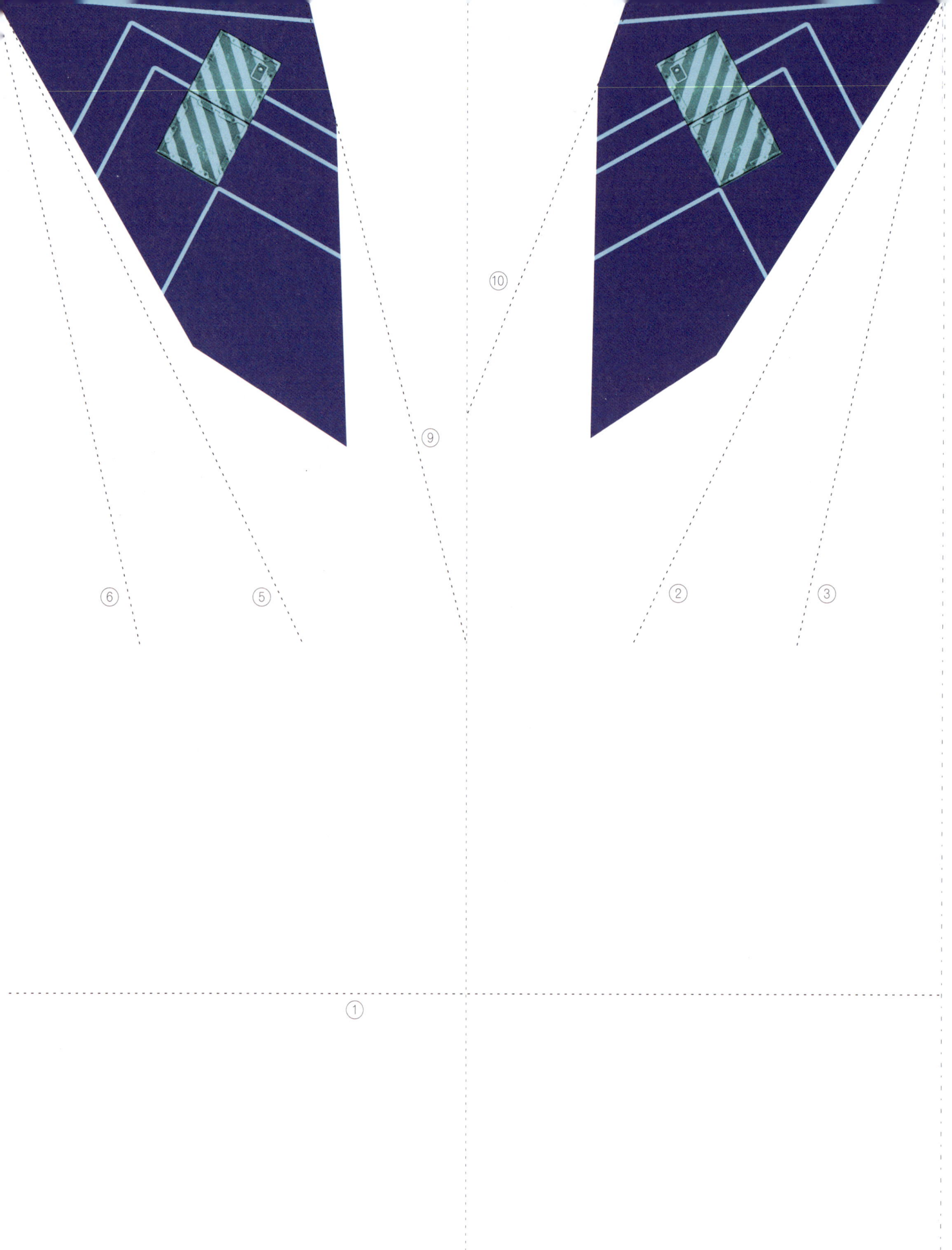

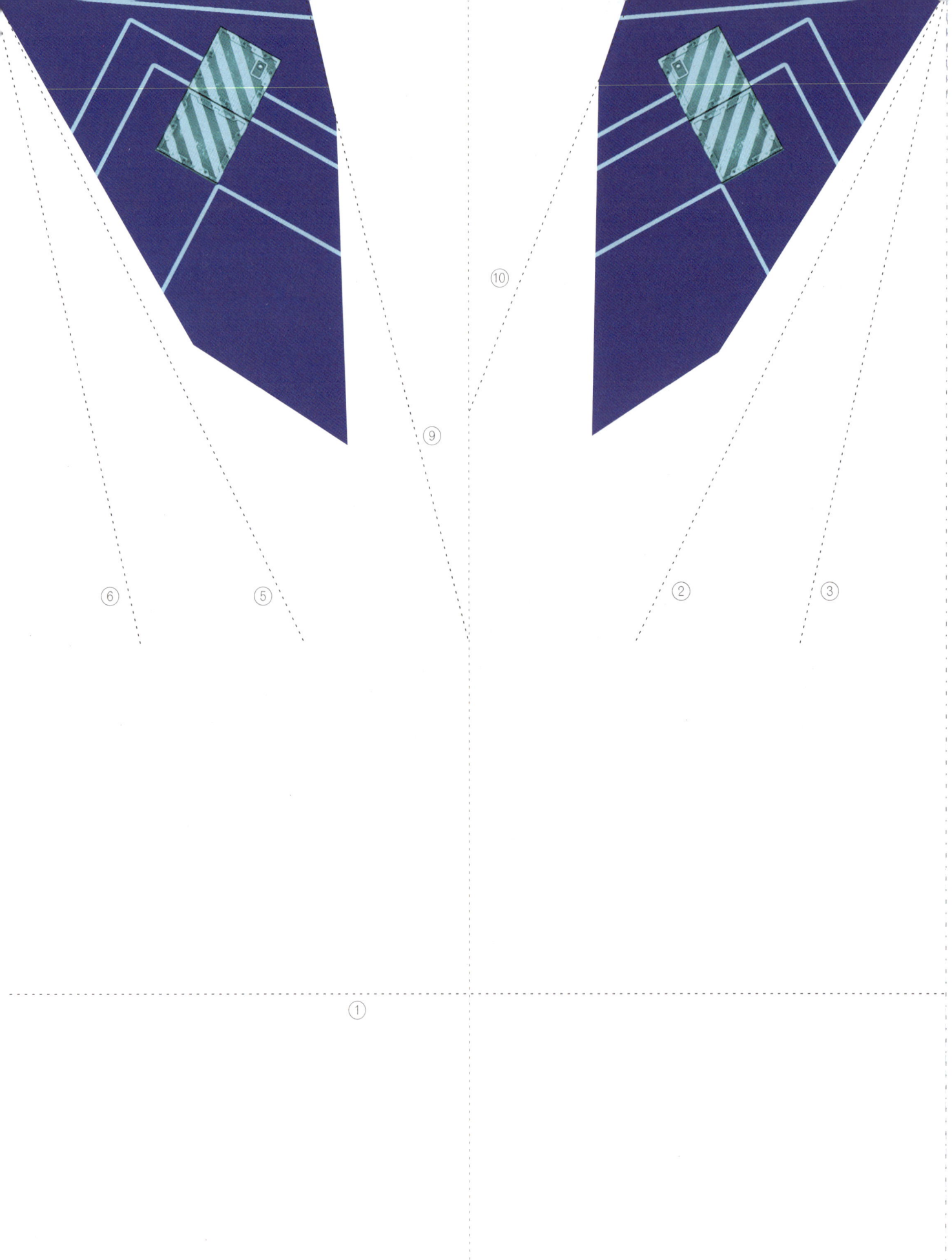

① ④ ③ ⑤ ③ ⑤ ④ ①

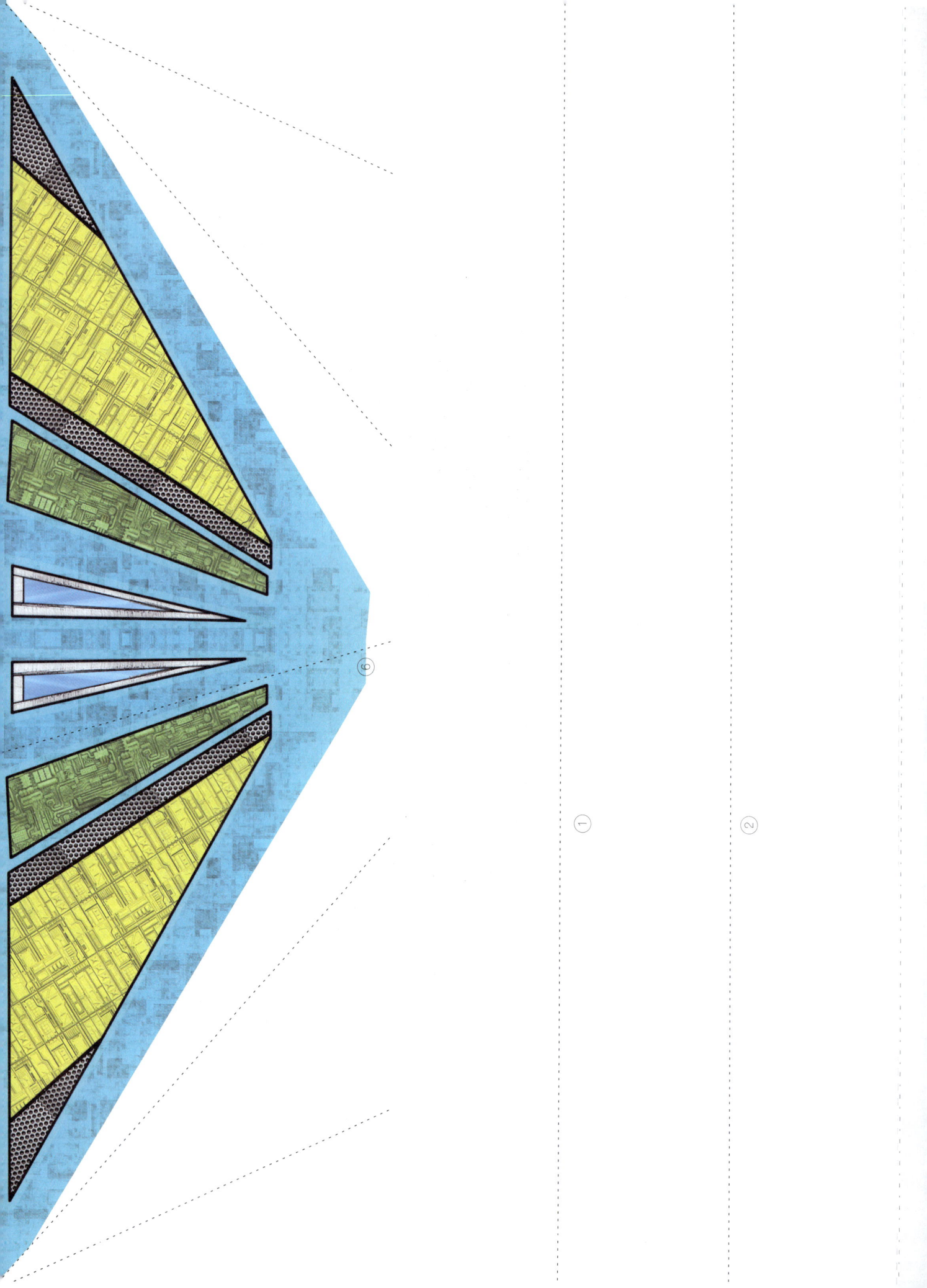

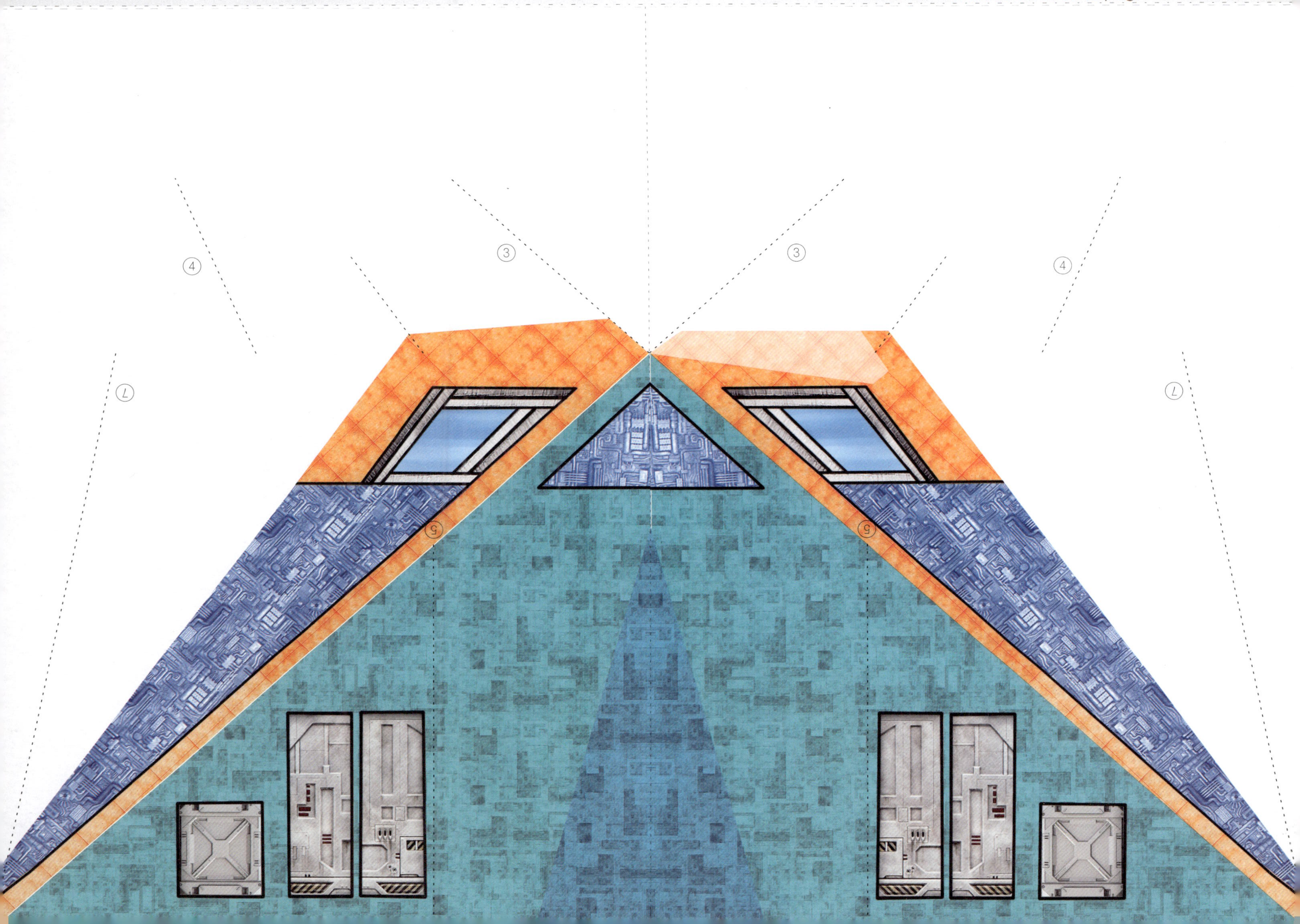
4
3
3
4
7
7
5
5

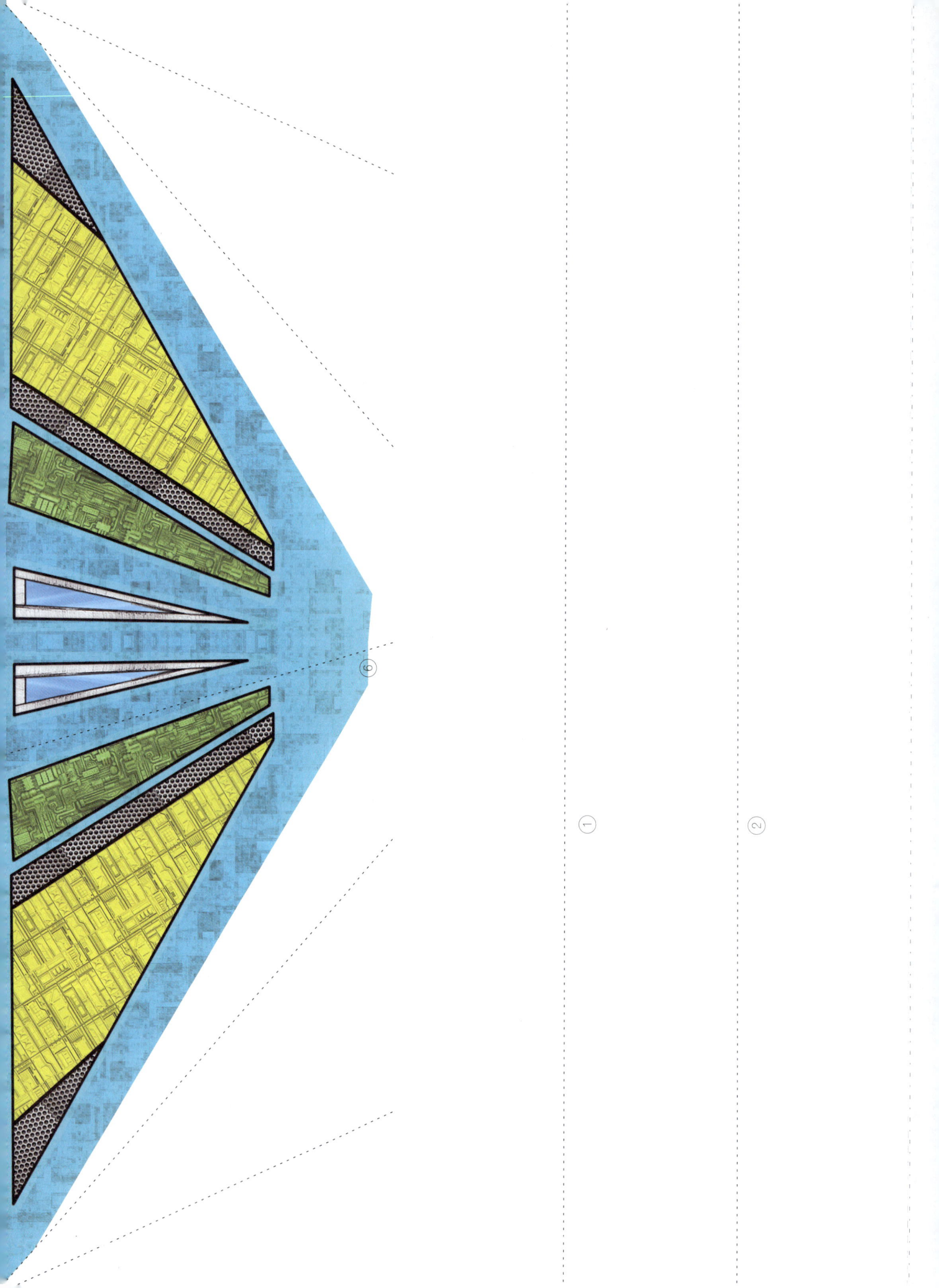

④

⑦

③

⑤

③

⑤

④

⑦

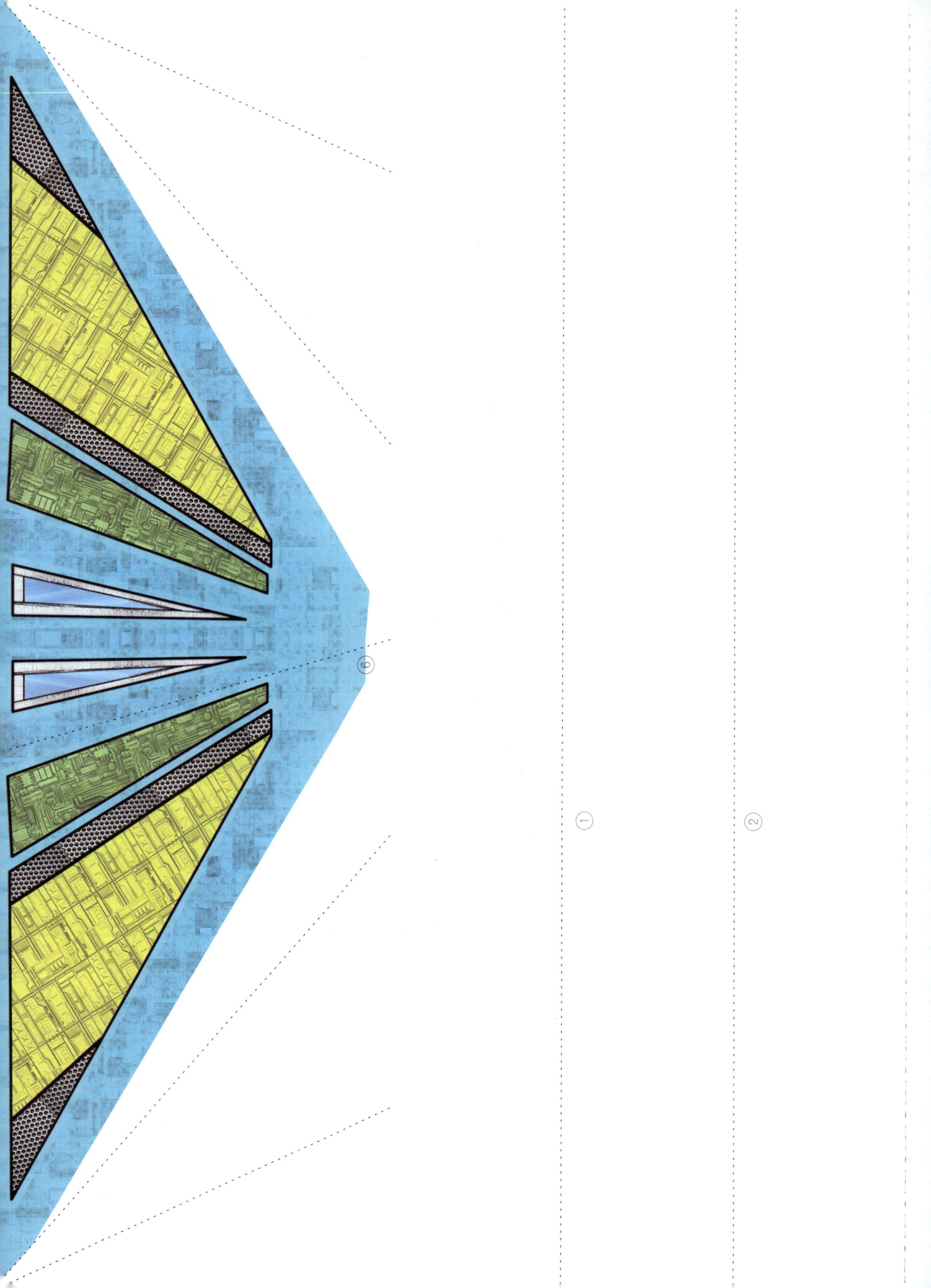

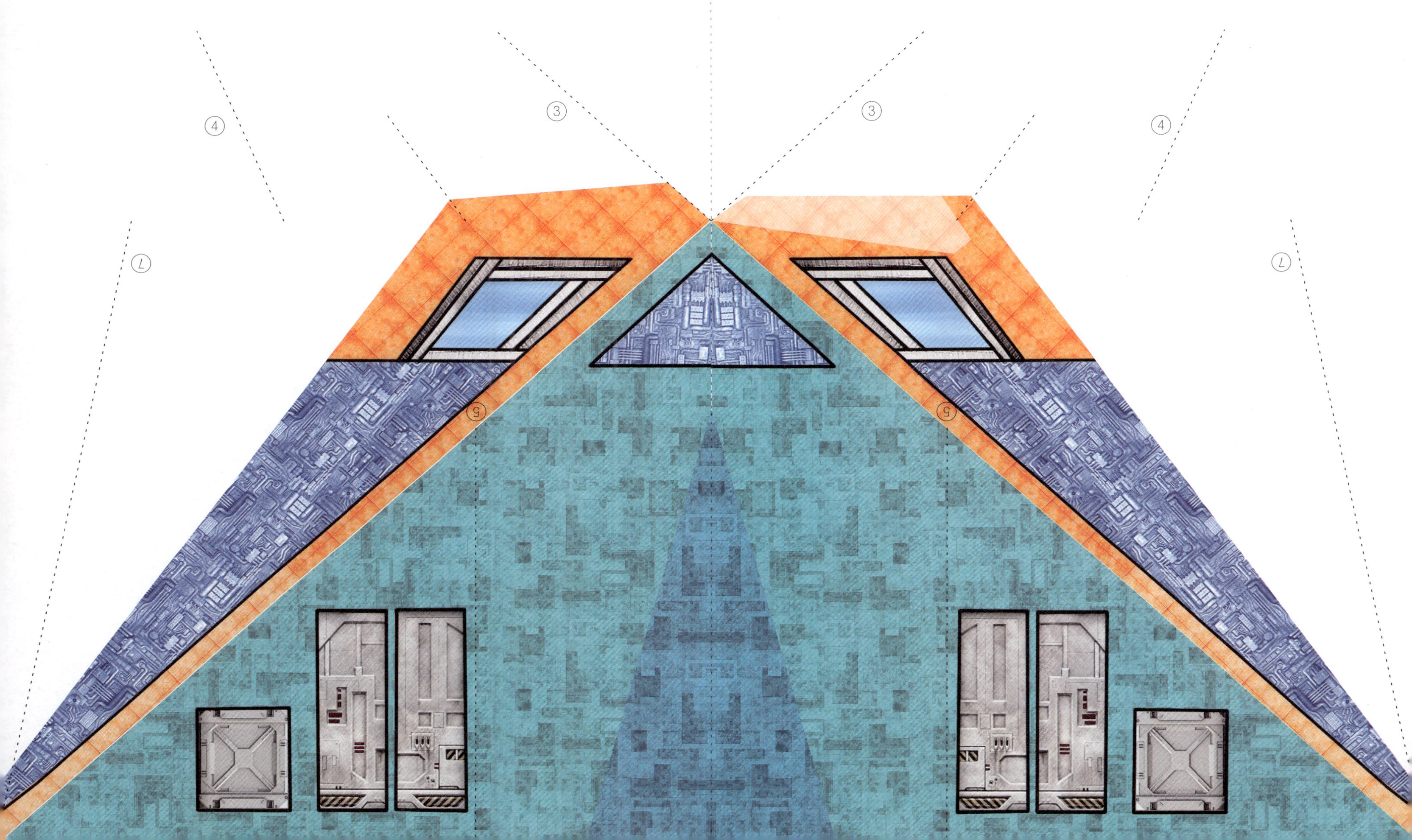
3
3
4
4
7
7
5
5

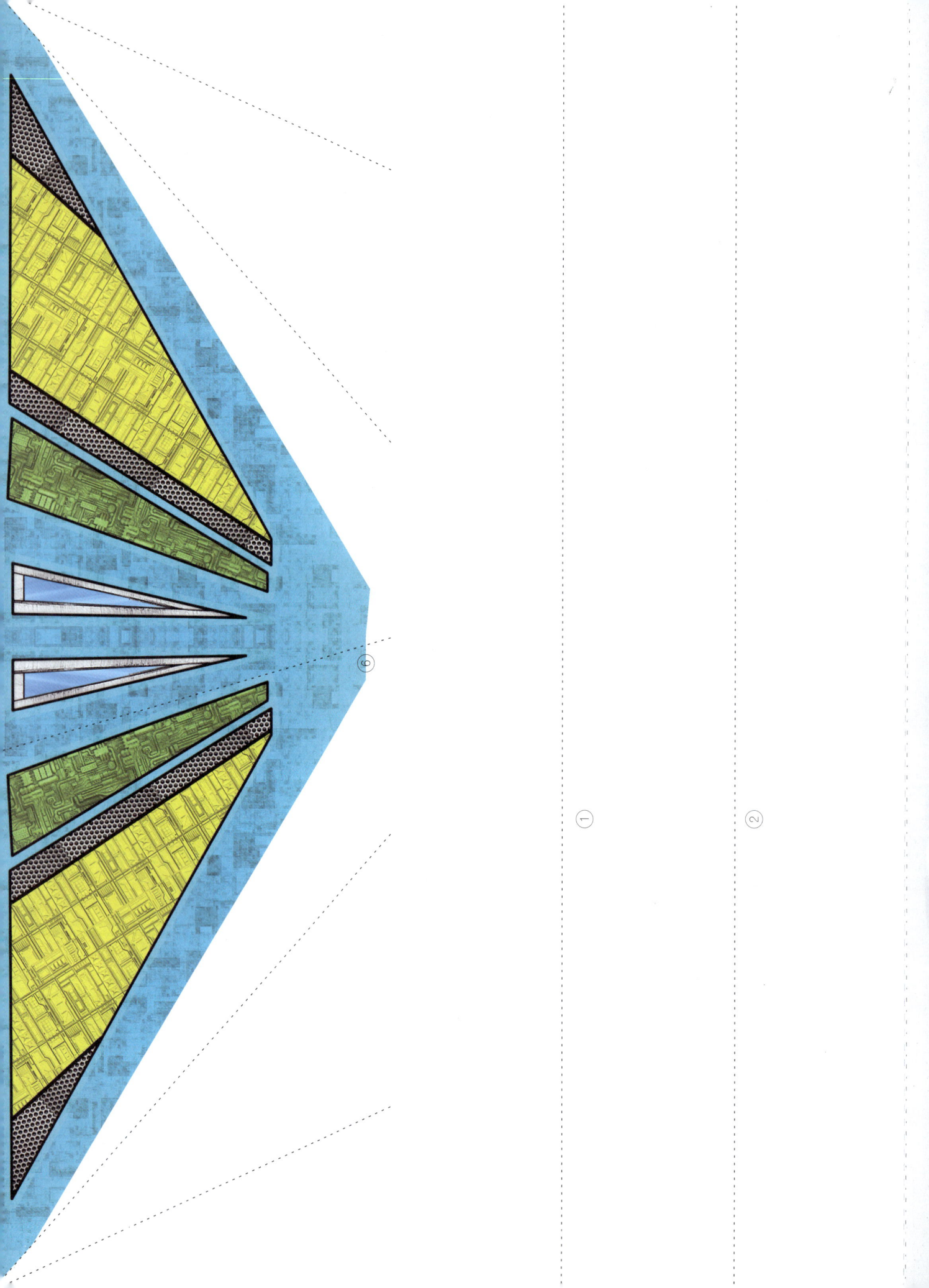